冯渊◎编著

逻辑的力量

单元任务导学指南

江苏凤凰科学技术出版社·南京

图书在版编目（CIP）数据

逻辑的力量：单元任务导学指南 / 冯渊编著 .—
南京：江苏凤凰科学技术出版社，2024.7
ISBN 978-7-5713-4420-7

Ⅰ. ①逻… Ⅱ. ①冯… Ⅲ. ①中学语文课－高中－教学参考资料 Ⅳ. ① G633.303

中国国家版本馆 CIP 数据核字 (2024) 第 109138 号

逻辑的力量：单元任务导学指南

编著	冯　渊
责任编辑	刘文芳
责任设计编辑	徐　慧
责任校对	仲　敏
责任监制	周雅婷
出版发行	江苏凤凰科学技术出版社
出版社地址	南京市湖南路 1 号 A 座，邮编：210009
编读信箱	skqsfs@163.com
联系电话	(025)83657623
印刷	溧阳市金宇包装印刷有限公司
开本	787mm × 1092mm　1/16
印张	10.5
字数	160 000
版次	2024 年 7 月第 1 版
印次	2024 年 7 月第 1 次印刷
标准书号	ISBN 978-7-5713-4420-7
定价	39.00 元

目录

第一部分

单元任务说明

“逻辑的力量”单元任务包括以下内容：了解逻辑的基本知识，学会辨析逻辑谬误，进行简单的逻辑推理，并运用逻辑知识来构建和完善论证。

这些任务关涉以下学习要点：理解逻辑的基本规律，学会辨识日常语言运用中的逻辑谬误，了解推理的若干形式，初步掌握推理的规则，关注论证的隐含前提，学会间接论证，在论证中引入“虚拟论敌”。

“逻辑的力量”单元任务学习思维导图

- 发现潜藏的逻辑谬误
  - **必备知识**
    - 概念
      - 概念与语词
      - 概念的内涵与外延
      - 概念的种类
      - 概念之间的关系
      - 定义及其规则
      - 概念的划分及划分规则
    - 判断
      - 判断与命题
      - 判断的类型
      - 性质判断的真假关系
      - 性质判断的周延问题
      - 关系判断及其类型
      - 复合判断及其类型
        - 联言判断
        - 选言判断
        - 假言判断
      - 负判断
      - 模态判断
    - 逻辑规律
      - 同一律
      - 不矛盾律
      - 排中律
      - 充足理由律
  - **分析与解决日常生活中的逻辑谬误**
    - 概念运用的谬误
      - 普遍概念与单独概念混用的谬误
      - 语词与集合概念分辨不清的谬误
      - 概念的内涵与外延问题上的谬误
      - 概念的限制与概括不当的谬误
    - 判断运用的谬误
      - 语句与判断的谬误
      - 隐含判断导致的谬误
      - 主项与谓项的周延上出现的谬误
    - 违背逻辑规律的谬误
      - 混淆概念的谬误
      - 偷换论题的谬误
      - 以人为据的谬误
      - 诉诸无知的谬误
      - 仓促概括的谬误
      - 强加因果的谬误
      - 预设前提的谬误
      - 循环论证的谬误
      - 复杂询问的谬误

『逻辑的力量』单元任务

- 运用有效的推理形式
  - 必备知识
    - 演绎推理
      - 三段论
        - 构成：大前提、小前提、大项、小项
        - 4 格 19 式
        - 8 条规则
      - 关系推理
        - 对称关系
          - 对称关系推理
          - 反对称关系推理
          - 非对称关系推理
        - 传递性关系
          - 传递性关系推理
          - 反传递性关系推理
          - 非传递性关系推理
      - 复合判断推理
        - 联言推理
        - 选言推理
        - 假言推理
    - 归纳推理
      - 完全归纳推理
      - 简单枚举法
      - 科学归纳推理
      - 类比法
  - 推理的实际运用
    - 演绎推理的运用
      - 遵守三段论的规则
      - 假言推理案例
      - 选言推理案例
      - 关系推理案例
    - 归纳推理的运用
      - 简单枚举法案例
      - 科学归纳推理案例
      - 类比推理案例
- 采用合理的论证方法
  - 必备知识
    - 论证的隐含前提
      - 隐含前提的类型
      - 隐含前提对论证的影响
    - 间接论证
      - 排除法
      - 反证法
      - 归谬法
    - 在论证中引入“虚拟论敌”
    - 分析文章的逻辑链条
    - 辩论赛的基本规则
  - 案例运用
    - 隐含前提论证案例
    - 间接论证案例
    - 引入“虚拟论敌”案例
    - 分析文章的逻辑链条案例
    - 辩论案例

针对“逻辑的力量”这一单元学习任务，我们可采用以下方式完成：

（1）在具体语言运用中掌握逻辑的基本规律。

（2）学会辨析日常语言运用中的逻辑谬误。

（3）概括推理形式，了解推理规则。

（4）分析典型议论文的逻辑链条。

（5）组织辩论赛，在辩论中体会逻辑的力量。

（6）尝试写驳论文。

另外，推荐同学们阅读以下相关书籍，以便更好地学习和理解逻辑的相关知识，体会语言与逻辑的关系，发展自己的逻辑思维。

链接资源

《形式逻辑》，金岳霖主编，人民出版社，1979 年版。

《趣味逻辑学》，彭漪涟、余式厚著，中国青年出版社，1981 年版。

《逻辑新引·怎样判别是非》，殷海光著，上海三联书店，2004 年版。

《逻辑学推理和论证》，刘江编著，华南理工大学出版社，2004 年版。

《笑话、幽默与逻辑（第 5 版）》，谭大容著，北京大学出版社，2005 年版。

《逻辑学大辞典》，彭漪涟、马钦荣主编，上海辞书出版社，2004 年版。

《逻辑趣话（修订版）》，王向清编著，湖南大学出版社，2018 年版。

第二部分

单元任务

“逻辑的力量”单元任务有一定的学习难度。在此，我们将其分为三个单元任务：发现潜藏的逻辑谬误，运用有效的推理形式，采用合理的论证方法。每个单元任务下又分成四个学习模块——任务目标、必备知识、案例与故事、综合练习，既有明确的学习任务和目标，又有完备的知识延伸和学习情境，配合每个任务的针对性练习，可帮助同学们学习通关、提升能力。

单元任务一

发现潜藏的逻辑谬误

一、任务目标

1. 掌握概念、判断（命题）等逻辑知识，辨识逻辑谬误，准确识别出错误的观点，学会正确地思考，准确地表达。

2. 理解基本的逻辑规律（包括同一律、不矛盾律、排中律、充足理由律），能辨识逻辑谬误。

3. 学会辨析日常语言表达中的逻辑谬误，如划分不当、自相矛盾、强加因果、以偏概全等。

二、必备知识

概念

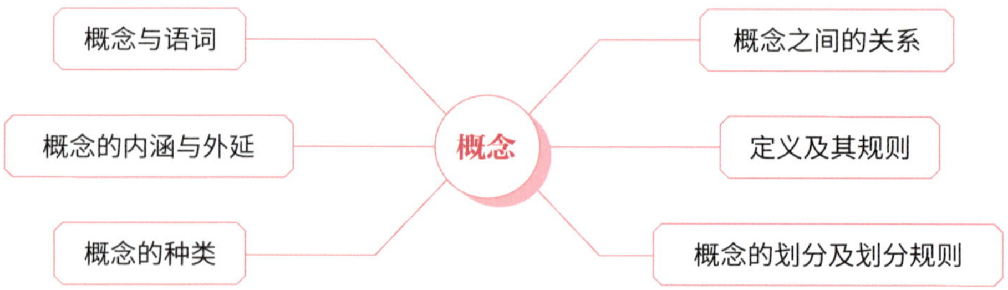

1. 概念与语词

概念是反映对象的本质属性或特有属性的一种思维形式。

概念是通过语词来表达的，但概念并不等于语词。

语词是概念的表现形式，概念是语词的思想内容。

2. 概念的内涵与外延

为了准确地使用概念，首先必须准确地理解概念，明确概念的内涵和外延。

内涵是指概念所反映的对象的本质或特点。

外延是指概念所反映的一个个、一类类的对象。

如“学生”这个概念的内涵是在校学习的人；它的外延则包括小学生、初中生、高中生、大学生（专科生、本科生、硕士研究生、博士研究生）等。

明确概念，就是明确这个概念的内涵和外延。懂得这个概念反映哪些对象，而这些对象又具有哪些特点或本质。

3. 概念的种类

根据外延的不同，概念可分为单独概念与普遍概念两种。

根据内涵的不同，概念可分为集合概念与非集合概念，肯定概念与否定概念，实体概念、属性概念与关系概念等类型。

（1）单独概念与普遍概念。

根据概念的外延是一个事物还是许多事物，概念可以分为单独概念与普遍概念两种。

①单独概念：外延是独一无二的事物。表示时间与空间概念的外延，就是独一无二的。如“2023 年 10 月 19 日”这个概念就是单独概念，它表示了独一无二的时间。“重庆”这个概念也是一个单独概念，它表示了一个独一无二的地点。

②普遍概念：外延可以包含许多事物。如“城市”这个概念的外延就包括了北京、上海、香港等，因此“城市”是一个普遍概念。语言中的名词、形容词与动词，一般来说都表达普遍概念。

（2）集合概念与非集合概念。

①集合概念：反映由个别事物所构成的集合体的概念。如“森林”是集合概念，它的内涵是指事物集合体的质的规定性。事物集合体的质的规定性并不必然为它的组成部分的个别事物所具有；其组成部分的个别事物的质的规定性，也并不必然为集合体所具有。如《契诃夫小说集》是由契诃夫的一篇篇小说组成的，但《契诃夫小说集》并不是契诃夫的任何一篇小说，契诃夫的任何一篇小说也不能成为《契诃夫小说集》。

②非集合概念：类概念，反映非个别事物的集合体的概念。非集合概念是指反映一类事物的概念。属于一个类的任何分子，都具有这类事物的特有属性。如“树木”是非集合概念，它是由不同的树（树的品种虽不同，但都作为树木，属于一个类）组成的。

来看一个误用集合概念与非集合概念的典型例句：

牛津大主教威尔伯福斯嘲笑赫胥黎宣传达尔文的进化论，他说：“我倒要问问，这个猴子子孙的资格，到底是从祖母那里得来的，还是从祖父那里得来的？”

威尔伯福斯所犯的错误，就是把集合概念和非集合概念混为一谈。进化论称人是由猿进化而来的，其中的“人”和“猿”是集合概念，不是指某一个具体的人和猿；进化是生物种群的进化，而不是个体的进化。

（3）肯定概念与否定概念。

①肯定概念：反映具有某种属性的事物的概念。

②否定概念：反映不具有某种属性的事物的概念。

如“美的”是一个肯定概念，它反映具有美这种属性的事物；“不美的”是一个否定概念，它反映不具有美这种属性的事物。

（4）实体概念、属性概念和关系概念。

①实体概念：反映各种具体事物的概念，如长城、黄山、水立方。其语词表达形式是名词、代词。

②属性概念：反映事物或现象具有的属性的概念，如美丽、温柔、宽厚、俏皮。其语词表达形式是形容词。

③关系概念：反映具体事物之间的各种关系的概念，如大于、小于、认识。属性可以为一个或一类事物所具有，关系至少存在于两个事物之间。关系概念的语词表达形式是及物动词。

4. 概念之间的关系

（1）全同关系。

全同关系是指两个概念在外延上相同而内涵有所不同。具有全同关系的概念，可以替换使用，如“成都”与“四川省省会”。

（2）包含关系。

包含关系是指一个概念被另一个概念包含，另一个概念的外延大于这个概念。如“铁”与“金属”，“人”与“脊椎动物”，“上海”与“城市”等。

包含关系也叫属种关系。属于包含关系的两个概念分别称为属概念和种概念，或称为上位概念和下位概念。如“金属”是“铁”的上位概念，“铁”是“金属”的下位概念；“上海”是种概念，“城市”是属概念。

（3）交叉关系。

交叉关系是指两个概念的外延有一部分是相同的，有一部分是不相同的，即两个概念的部分外延重合，如“高中生”与“三好学生”。

（4）全异关系。

全异关系是指两个概念的外延完全不相同，也叫排斥关系。全异关系可分为矛盾关系和反对关系两种。

矛盾关系中矛盾的两个概念加起来等于它们的上位概念，如“牛”+“非牛动物”=“动物”，“男学生”+“女学生”=“学生”等。反对关系中的两个概念加起来小于它们的上位概念，如“红色”+“绿色”<“颜色”，“牛类”+“马类”<“动物”。总结一下：“红色”与“非红色”是矛盾关系，“红色”与“绿色”是反对关系；“牛类”与“非牛类”是矛盾关系，“牛类”与“马类”是反对关系。

概念之间的关系，具体如下图所示：

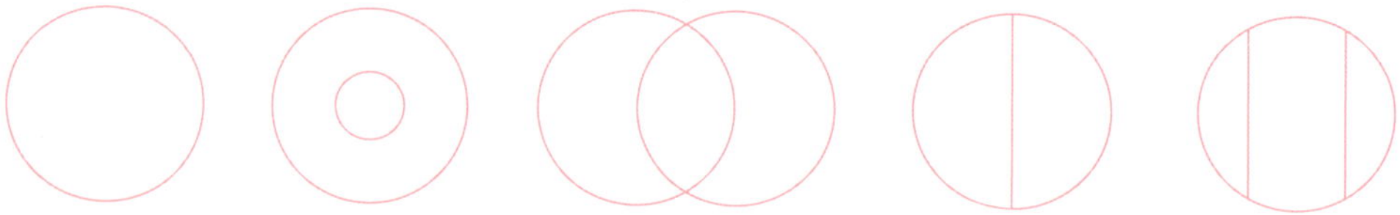

全同　　包含　　交叉　　全异（矛盾）　　全异（反对）

5. 定义及其规则

定义：揭示概念内涵的逻辑方法，如“人是能制造和使用生产工具的动物”。定义项：用作定义，描述某些对象的内容的项。定义的规则如下：

（1）定义项中不能直接地或间接地包括被定义项，如果包括，这种错误就叫“循环定义”。

（2）定义项，除非必要，否则不应使用否定词。如“直线就是不弯曲的线”这个定义不合规则。也有允许使用否定词的特殊定义，如“无机物就是不含碳的化合物”。

（3）定义项中不能包括含混的概念或语词，不能使用比喻。如“儿童是祖国的花朵”不是定义。

（4）定义项的外延与被定义项的外延必须是全同的。如“思想就是人脑对客观世界的主观反映”，这个定义的定义项的外延大于被定义项的外延。因为所有的思想虽然都是人脑对客观世界的主观反映，但是，人脑对客观世界的某些主观反映（如感觉与知感）却不是思想。

来看这段话：

鲁迅在杂文《论辩的魂灵》中，以讽刺的笔法归纳了当时反对新文化运动的几种论调，其中有这样一条："洋奴会说洋话。你主张读洋书，就是洋奴，人格破产了！"这一论调的荒谬之处就在于违背了逻辑，把"洋奴都会说洋话"和"会说洋话的都是洋奴"这两个不能等同的判断混为一谈了。

引用的这句话也可以从定义的角度分析其错误。

根据定义的规则，定义项的外延与被定义项的外延必须全同。据此，我们可以这样定义："洋奴是崇洋媚外、甘心受外国人驱使的人。"

正确的定义，定义项与被定义项是可以前后交换的，即"洋奴是崇洋媚外、甘心受外国人驱使的人"和"崇洋媚外、甘心受外国人驱使的人是洋奴"两种表达都正确。而"洋奴都会说洋话"只描述了"洋奴"的某个特点，不是对"洋奴"下定义，"洋奴"的外延大于"会说洋话（的人）"，被定义项与定义项的位置不能交换。所以，"洋奴都会说洋话"是正确的，"会说洋话的都是洋奴"是错误的，只能说"有些会说洋话的人是洋奴"。

6. 概念的划分及划分规则

先来看这段话：

你关注过日常话语中的逻辑错误吗？例如，"我爱读外国文学，尤其爱读俄罗斯的、拉美的、古典的"，这是划分不当……

这里划分不当的原因是，划分的标准不一致。"俄罗斯的"是按照国别划分的，"拉美的"是按照洲别划分的，"古典的"是按照时代（或者文学思潮）划分的，三个子项的标准都不一样，所以不能并列。

划分：把一个概念的外延分为几个小类的逻辑方法。

划分的规则：

（1）划分的各个子项应当互不相容。违反这条规则，就是犯了"子项相容”的错误。如把学生分为高二学生和男生，就犯了“子项相容”的错误，因为有些学生既是高二学生，又是男生。

（2）各子项之和必须穷尽母项。这条规则的意思是，各子项之和应该等于母项，即任何一个属于母项的事物都属于某一个子项。如果子项之和不穷尽母项，必有一些属于母项的事物被遗漏了。违反这条规则，就是犯了“子项不穷尽”的错误。如按照成绩将学生分为得满分的学生和不及格的学生两种，这是不穷尽的，因为还有及格了但是没有达到满分的学生。

（3）每次划分必须按同一标准进行。根据事物具有或不具有某个属性，将事物划分成几个子项。根据同一标准来划分，可以保证各个子项不会相容，还可以明确各个子项之间的关系。

有时概念比较复杂，我们还要采取连续划分的办法。把一个母项划分为几个子项，再把各个子项划分为更小的子项，这就是连续划分。在连续划分中，每一次划分各项时都必须按同一标准。但是，不同次划分所用的标准可以是不同一的。如我们把教师划分为三级教师、二级教师、一级教师和高级教师这四个子项，这是第一次划分，划分标准是教师的职称；然后，我们又把一级教师分为基本胜任教学工作的教师、全面掌握教学技能的教师、初步形成教学风格的教师这三个子项，这是第二次划分，划分的标准是教师的教学能力。在对教师的连续划分中，第一次划分所用的标准与第二次划分所用的标准不是同一的，但这是可行的。

补充知识

二分法

二分法是一种特别的划分。将一个母项划分为这样两个子项：一个子项具有某种属性，而另一个子项恰好缺乏这种属性。二分法分类的结果只有两个子项，两个子项是矛盾关系。如把学生划分为体育特长生和非体育特长生两种，把教师分为党员教师和非党员教师两种。

判断（命题）

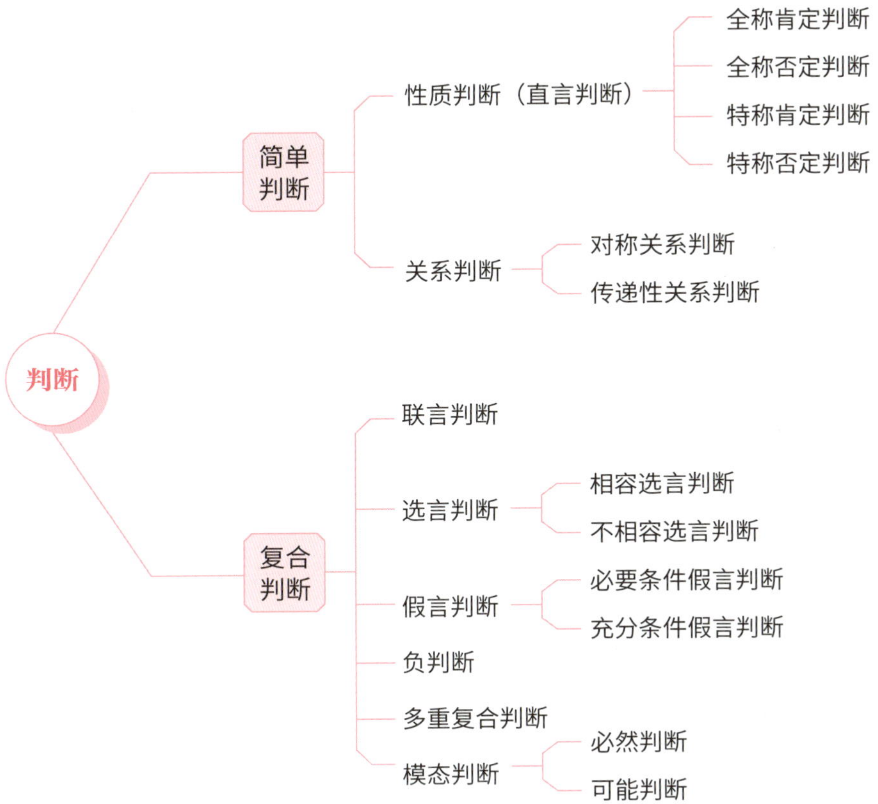

1. 判断与命题

判断是通过对思维对象的性质、关系、状态、存在等所做的肯定或者否定的断定，表现出人们对现实对象的一定认识（反映）。

命题是用语句表达的判断。判断是人们用以反映现实对象情况的一种思维形式，判断不能离开语句存在，判断的形成和表达都必须依赖语句。

并非任何语句都表达判断。一般来说，陈述句直接表达判断，疑问句、感叹句、祈使句并不直接表达判断。一个判断可以用不同的语句来表达，同一语句也可以表达不同的判断。

2. 判断的类型

按照判断本身是否还包含着其他判断，可将判断分为简单判断和复合判断两大类。

（1）简单判断。

简单判断是指本身不再包含其他判断的一种判断。简单判断主要有两种：性质判断和关系判断。

①性质判断：断定对象具有或不具有某种性质的判断，亦称直言判断。它通过联系词“是”与“不是”来肯定或否定事物的某种属性，形式有S是P，或S不是P（S代表主项，P代表谓项）。

按判断的质划分，性质判断可以分为肯定判断和否定判断两种。肯定判断就是肯定判断的主项所反映的对象具有谓项所表明的某种性质的判断，如“手机是移动通信终端设备”。否定判断就是否定判断的主项所反映的对象具有谓项所表明的某种性质的判断，如“成都市不是直辖市”。

按判断的量划分，性质判断可以分为特称判断和全称判断两种。特称判断是对某类中的部分对象有所断定的判断，谓项所断定的是主项的部分外延，如“有的校长是语文老师”。全称判断是对一类对象的全体做出断定的判断。在全称判断中，谓项所断定的是主项的全部外延，如“所有公开发行的报刊都是经国家有关部门批准的”。

按判断的质和量的结合，性质判断可以分为全称肯定判断（用A表示）、全称否定判断（用E表示）、特称肯定判断（用I表示）、特称否定判断（用O表示）四种。

②关系判断：断定事物与事物之间关系的判断。关系判断分为对称关系判断和传递性关系判断两种。

（2）复合判断。

复合判断是指由简单判断结合而成的一种判断，也可以说是一种本身还含有其他判断的判断。如“张老师不仅书教得好，文章也写得漂亮”，这就是一个复合判断。它是由“张老师书教得好”和“文章写得漂亮”这两个简单判断结合而成的。

复合判断可分为以下几种。

①联言判断：断定事物若干情况同时存在的判断。如“吴小如长相好，性格温和”，语言形式是并列关系的复句。

②选言判断：断定事物存在若干可能情况的判断。如“今天或者放假，或者不放假”，语言形式是选择关系的复句。

③假言判断：断定某一事物情况为另一事物情况存在的条件的判断。如“只要天下雨，地上就会湿”“如果想得到友谊，就必须付出真心”，语言形式是条件关系或者假设关系的复句。

3. 性质判断的真假关系

A、E、I、O 四种判断的真假关系如下图：

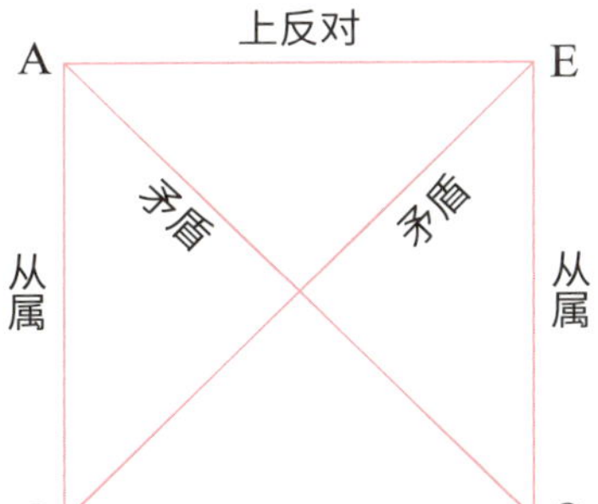

（1）上反对关系：A 与 E 之间的真假关系。

上反对关系的内容：一个判断真，另一个判断必假；一个判断假，另一个判断真假不定。也就是说，上反对关系不可同真，但可同假。如：

①经典小说是具有小说三要素的。（A）

经典小说不是具有小说三要素的。（E）

②“二十四史”的人物传记不是虚构作品。（E）

“二十四史”的人物传记是虚构作品。（A）

③巧克力是含有镇静剂成分的。（A）

巧克力是不含有镇静剂成分的。（E）

④所有的道士都会做符箓。（A）

所有的道士都不会做符箓。（E）

例句①中，A 真，E 必假；例句②中，E 真，A 必假，这二者不能同真。例句③中，A 假，E 真；例句④中，A 假，E 也假，这二者可以同假。

（2）下反对关系：I 与 O 之间的真假关系。

下反对关系的内容：一个判断假，另一个判断必真；一个判断真，另一个判断真假不定。也就是说，下反对关系不可同假，但可同真。如：

①有些律诗是近体诗。（I）

有些律诗不是近体诗。（O）

②有些学生是住校生。（I）

有些学生不是住校生。（O）

例句①中，I 真，O 假（律诗都是近体诗），二者不可同假。例句②中，I 真，O 真，二者可以同真。

（3）矛盾关系：A 与 O 之间、E 与 I 之间的真假关系。

矛盾关系的内容：一个判断真，另一个判断假；一个判断假，另一个判断真。也就是说，矛盾关系不可同真，也不可同假，必有一真一假。如：

①猫咪都是哺乳动物。（A）

有些猫咪不是哺乳动物。（O）

②所有的学生都是三好学生。（A）

有些学生不是三好学生。（O）

③白酒都是不含酒精的。（E）

有些白酒是含酒精的。（I）

④所有三角形的内角和都不是 360 度。（E）

有些三角形的内角和是 360 度。（I）

例句①中，A 真，O 假；例句②中，A 假，O 真，二者不可同真。例句③中，E 假，I 真；例句④中，E 真，I 假，二者不可同真。

（4）从属关系（又称差等关系）：A 与 I 之间、E 与 O 之间的真假关系。

从属关系的内容：全称判断真，特称判断真；全称判断假，特称判断真假不定；特称判断假，全称判断假；特称判断真，全称判断真假不定。如：

①博士学位是一个人具备产出原创成果的能力的标志。（A）

有些博士学位是一个人具备产出原创成果的能力的标志。（I）

②物理变化不是产生了新物质的变化。（E）

有些物理变化不是产生了新物质的变化。（O）

③博士都是缺乏创造力的。（A）

有些博士是缺乏创造力的。（I）

④所有的犯罪嫌疑人都不是罪犯。（E）

有些犯罪嫌疑人不是罪犯。（O）

⑤有些陶瓷是金属。（I）

所有陶瓷都是金属。（A）

⑥有些微生物不是生物。（O）

所有微生物都不是生物。（E）

⑦有些微生物是肉眼可以看见的。（I）

所有微生物都是肉眼可以看见的。（A）

⑧有些微生物都不是肉眼可以看见的。（O）

所有微生物都不是肉眼可以看见的。（E）

例句①中，A 真，I 真。例句②中，E 真，O 真。例句③中，A 假，I 真假不定。例句④中，E 假，O 真假不定。例句⑤中，I 假，A 假。例句⑥中，O 假，E 假。例句⑦中，I 真，A 真假不定。例句⑧中，O 真，E 真假不定。

综上所述，A、E、I、O之间的真假关系可以用下表表示：

已知为真	推知				已知为假
	A	E	I	O	
A	真	假	真	假	O
E	假	真	假	真	I
I	不定	假	真	不定	E
O	假	不定	不定	真	A

4. 性质判断的主项或谓项的周延与不周延

周延：在性质判断中断定了主项或谓项的全部外延。

不周延：只断定了主项或谓项的部分外延。

性质判断主项、谓项周延的具体情况如下表：

性质判断类型	简称	主项	谓项	例释
全称肯定判断	A	周延	不周延	所有的恒星都是发光的
全称否定判断	E	周延	周延	一切真理都不是与迷信相容的
特称肯定判断	I	不周延	不周延	有些鱼是会飞的
特称否定判断	O	不周延	周延	有些水生动物不是鱼

周延和不周延理解起来稍有难度，请看下面的例句和解释。

所有的恒星都是发光的。

“所有的恒星”断定了“恒星”的全部外延，所以这个判断的主项是周延的；而谓项“发光”是不周延的，因为“发光”的远不止“恒星”，灯泡也发光。

全称肯定判断断定了所有的 S 类分子都是 P 类中的任何分子。其形式：所有 S 都是 P。

一切真理都不是与迷信相容的。

“一切真理”断定了“真理”的全部外延，所以这个判断的主项是周延的；而谓项“与迷信相容的”都排除在“一切真理”之外，所以谓项也是周延的。

全称否定判断断定了所有的 S 类分子都不是 P 类中的任何分子。其形式：所有 S 都不是 P。

有些鱼是会飞的。

“有些鱼”断定了“鱼”的部分外延，所以这个判断的主项是不周延的；而谓项“会飞”也是不周延的，因为“会飞”的还有部分鸟类和昆虫等。特称肯定判断断定了有的 S 类分子是 P 类中的任何分子。其形式：有些 S 是 P。

有些水生动物不是鱼。

“有些水生动物”断定了“水生动物”的部分外延，所以这个判断的主项是不周延的；而谓项“鱼”是周延的，因为“有些水生动物”（如乌龟）是排除在全部“鱼”之外的。特称否定判断断定了有的 S 类分子不是 P 类中的任何分子。其形式：有些 S 不是 P。

5. 关系判断及其类型

人们在认识客观事物的过程中，既要认识客观事物的性质，也要认识客观事物之间的关系。关系判断的主项就是反映几个或几类事物的概念，关系是几个或几类事物之间的属性。关系判断分为对称关系判断和传递性关系判断两种。

（1）对称关系判断。

①对称关系判断：前后互换，判断皆真。如“甲等于乙”前后互换为“乙等于甲”，两者皆真。

②反对称关系判断：前后互换，真判断变成假判断。如“甲大于乙”前后互换为“乙大于甲”，如果互换前判断是真的，互换后判断则是假的。

③非对称关系判断：前后互换后，真假不一定。如“甲认识乙”前后互换为“乙认识甲”，互换后的判断可能是真的，也可能是假的（甲认识乙，乙有可能认识甲，也有可能不认识甲）。

（2）传递性关系判断。

①传递性关系判断：甲大于乙，乙大于丙，则甲大于丙。

②反传递性关系判断：甲是乙的父亲，乙是丙的父亲，则甲肯定不是丙的父亲。

③非传递性关系判断：甲认识乙，乙认识丙，则甲不一定认识丙。

6. 联言判断

联言判断是一种断定几种事物情况并存的判断。请看下面的例句：

张老师和李老师都是高级教师。

王校长既是特级校长又是特级教师。

我们不但要学好文化课，还要注意锻炼身体。

虽然我们尽了力，但是事情最后还是没有办成。

尽管他们做了深入交流，但最后并未达成共识。

无论选文科还是理科，她都胜券在握。

以上几个句子都是联言判断，它们所包含的支判断都被直接断定了。联言判断至少含有两个支判断，比较复杂的联言判断可能会含有更多的支判断。

联言判断的语言特点：在语法上是表示并列关系、递进关系、转折关系、条件关系的复句。

联言判断的真值：由于联言判断是断定若干对象情况同时存在的判断，因此，一个联言判断只有当它所有的联言支都真时，它才是真的；在其他情况下，它都是假的。请看下面的例句：

王安石是政治家，并且是北宋人。

王安石是政治家，并且是南宋人。

王安石是数学家，并且是北宋人。

王安石是数学家，并且是南宋人。

只有第一句的两个联言支都是真的，这个联言判断才是真的。后面三句的联言支要么一真一假，要么两个都假，只要有一个是假的，整个联言判断就是假的。也就是说，当且仅当一个联言判断的所有支判断都真时，该联言判断才为真；否则都为假。

运用联言判断的注意事项有两点。

第一，联言支要明确。联言判断由联言支组成，联言支不明确，就会使判断含混不清。如：

关于整本书阅读，我们要读费孝通和费正清撰写的《乡土中国》和《中国：传统与变迁》。

这个判断可以理解为，我们要读的是费孝通和费正清两人合写的两本书，也可以理解为，我们要读的是费孝通写的《乡土中国》和费正清写的《中国：传统与变迁》，产生这种歧义是由于联言不当而造成的联言支不明确。把这句话改为“关于整本书阅读，我们要读费孝通的《乡土中国》，也要读费正清的《中国：传统与变迁》”，就避免了联言支不明确的错误。

第二，联结项的语词形式要得当。如果语词形式不当，就会把不同的共存情况混淆起来，造成判断不当。如：

这位科技功臣虽然为人很低调，可是搞科研从不怕失败。

“为人很低调”与“搞科研从不怕失败”并不构成转折关系。这类错误并不鲜见，我们在日常表达和写作中，要尽量避免。

7. 选言判断

选言判断是断定事物可能有的几种情况的判断。如：

张若涵要么在操场，要么在图书馆。

这个试管里装的不是酸溶液，就是碱溶液。

选言判断从语词上多用选择复句表达，分为相容选言判断和不相容选言判断两种。

（1）相容选言判断。

相容选言判断，指所含选言支可以同真的选言判断。如：

我们班期中考试语文平均分较大幅度上升的原因，或是王老师投入了大量心血精心备课，或是全班同学到了高三更努力了。

平均分上升的原因，既可以是教师的精心备课，也可以是同学的齐心努力。相容选言判断的选言支可以同真。

（2）不相容选言判断。

不相容选言判断，指所含选言支有且只有一个为真的选言判断。如：

少年维特要么离开绿蒂重新开始生活，要么为这份痛苦的感情自杀。

维特要摆脱这段无望的爱情，要么斩断情丝求生，要么沉浸其间求死。不相容选言判断的选言支有且只能有一个为真时，判断才为真，其所断定的几种情况不能同时存在，即它所包含的选言支不能同时为真，也不能同时为假。

8. 假言判断

假言判断的语言形式是条件关系复句。条件关系分为充分条件关系和必要条件关系两种，所以，假言判断分为充分条件关系的假言判断和必要条件关系的假言判断两种。

充分条件是指，如果（只要）p 存在，q 就存在。语言形式是假设关系复句或充分条件关系复句，如“只要天下雨，地上就会湿”。

必要条件是指，只有 p 存在，q 才存在。语言形式是必要条件关系复句，如“只有勤奋学习，才能提高成绩”。

（1）充分条件假言判断的真假。

充分条件假言判断的真假取决于前件（表示条件的命题，一般用 p 表示）所断定的事物情况是不是后件（表示依赖条件而成立的命题，一般用 q 表示）所断定的事物情况的充分条件。如果前件所断定的事物情况是后件所断定的事物情况的充分条件，那么，这个充分条件假言判断就是真的，否则是假的。

我们可以由前件与后件的真假，来考虑充分条件假言判断的真假。真，指的是前件或后件断定的事物情况存在；假，指的是前件或后件所断定的事物情况不存在。来看下面的例句：

王小明如果是教师，就应该履行教书育人的责任。

假如王小明是教师，同时也履行了教书育人的责任，这就是说，前件真，后件也真，这个充分条件假言判断就是真的。——当教师就要教书育人，对。

假如王小明不是教师，同时也没有履行教书育人的责任，这就是说，前件假，后件也假，这个充分条件假言判断仍然是真的。——没当教师无须承担教书育人的责任，也对。

假如王小明不是教师，但是由于别的原因履行了教书育人的责任，这就是说，前件假而后件真，这个充分条件假言判断仍然是真的。——没当教师却要承担教书育人的责任，也可以。

假如王小明是教师，但是没有履行教书育人的责任，这就是说，前件真而后件假，这个充分条件假言判断则是假的。——当教师却不承担教书育人的责任，这怎么行？假的。

简而言之，充分条件假言判断只有当前件真而后件假，这个判断才是假的。

（2）必要条件假言判断的真假。

如果一个必要条件假言判断是真的，那么它的前件与后件的真假情形为：如果前件是假的，它的后件就一定是假的；如果前件是真的，它的后件可以是真的，也可以是假的。也就是分为三种情况：前件假，后件假；前件真，后件真；前件真，后件假。

如果一个必要条件假言判断是假的，那么它的前件与后件的真假情形：前件假，后件真。

请看下面的例句：

农民只有辛勤耕耘，才会收获硕果。

假如农民没有辛勤耕耘，的确，他就不能收获硕果，即前件假而后件假，这个必要条件假言判断是真的。——不耕耘当然没有收获。

假如农民辛勤耕耘了，他的确收获了硕果，即前件真而后件真，这个必要条件假言判断是真的。——耕耘了有收获，正常。

假如农民辛勤耕耘了，可是，他却没有收获硕果，即前件真而后件假，这个必要条件假言判断还是真的。——耕耘了却没有收获，也正常（耕耘只是收获的必要条件，不是充分条件）。

假如农民没有辛勤耕耘，可是，他收获了硕果，即前件假而后件真，这个必要条件假言判断就是假的。——没耕耘却收获了硕果，这不可能（这不符合逻辑，虽然生活中可能有这样的意外，但逻辑上说不通）。

简而言之，必要条件假言判断只有当前件假而后件真时，这个判断才是假的。

如果对假言判断这部分内容的学习感到比较困难，可以在学完下一章的推理相关内容后，再回过头来理解本小节的知识。

9. 负判断

负判断是否定某个判断的判断。被否定的判断是负判断的支判断。负判断的支判断可以是肯定判断，也可以是否定判断；可以是简单判断，也可以是复合判断。如：

①并非一切在空中飞翔的动物都是鸟儿。

②并不是进了培训班，成绩就能提升。

例句①否定的是性质判断“一切在空中飞翔的动物都是鸟儿”；例句②否定的则是一个假言判断“进了培训班，成绩就能提升”。

负判断不是否定判断，它是对一个判断的否定。以上面的例句①为例，“并非一切在空中飞翔的动物都是鸟儿”是负判断，是对整个判断的否定，它意味着“有些在空中飞翔的动物不是鸟儿”。而“一切在空中飞翔的动物都不是鸟儿”这句话就是一个全称否定判断。对比可以看出，这两个判断的逻辑性质是不同的。

负判断是对一个判断的否定。因此，原判断真，负判断就假；负判断假，原判断就真。如：

①爱情能让人长生不老。（原判断假）

并非爱情能让人长生不老。（负判断真）

②所有的犯罪行为都是违法行为。（原判断真）

并非所有的犯罪行为都是违法行为。（负判断假）

10. 模态判断

模态判断是断定事物情况的必然性或可能性的判断，模态判断含有模态词“必然”和“可能”。如：

冬天过去必然是春天。

适当参加体力劳动可能会让他更健康。

模态判断可按照其断定的事物情况的可能性或必然性分为必然判断和可能判断两类。

必然判断是断定事物情况的必然性的判断，可分为肯定判断和否定判断两类，如“人类的智慧必然会战胜病毒的侵袭”“太阳系必然不会有第二个太阳”。

可能判断是断定事物情况的可能性的判断，可分为肯定判断和否定判断两类，如“重点大学今年可能还会对我省增加招生名额”“他的冷漠可能不是真的拒绝我”。

逻辑规律

形式逻辑中有四个基本规律：同一律、不矛盾律、排中律、充足理由律。这四个基本规律是保障我们思维正确、合乎逻辑的不可缺少的条件。

同一律、不矛盾律、排中律是研究判断、推理、证明内部的思想要素如何保持确定性的规律，要求它们确定不自相矛盾，不亦此亦彼。充足理由律是关于推理的前提和结论、证明的论题和论据的一般思想联系的规律。

同一律、不矛盾律、排中律都是亚里士多德提出的，而充足理由律是17世纪德国哲学家莱布尼茨明确提出的。

1. 同一律

同一律的公式：A是A（A表示概念或判断）。

在思维和论辩过程中，任何一个思想与其自身是同一的。具体地说，在同一思维过程中，一个概念的内涵和外延应当是确定的，一个判断的内容也应当是确定的。

同一律的基本逻辑要求：在思维和论辩过程中，必须保持概念和判断的确定与同一。

（1）就概念来说，在什么意义下使用某个概念，就应该一直按照同一意义去使用它，不能随意变换概念的意义，也不能把不同的概念互相混淆，否则就要犯“混淆概念”或“偷换概念”的逻辑错误。

譬如，有人相信对未来的预测，有人则不相信，两人为此争执起来。一个人说：“天气预报就是预测，你能不信吗？”另一人说：“街头算命也是预测，你能相信吗？”——这两个人对“预测”这个概念的理解是不一致的，在概念使用上违背了同一律，犯了偷换概念的错误，争论也就失去了意义。

（2）就判断来说，是什么判断就是什么判断，不能在同一思维和论辩过程中，把两个不同的判断随意混淆或等同起来，否则就要犯“变换论点”或“偷换论题”的逻辑错误。

譬如，讨论“要不要崇拜英雄”这个论题时，本来首先应该讨论什么人称得上是“英雄”，然后再讨论“要不要崇拜英雄”，可是有的人马上说：“英雄可以崇拜，但是不能过分崇拜。”——这种情况在同学们的作文中极为常见，它的错误在于，题目并没有要求讨论“能不能过分崇拜英雄”，所以这种行为就是偷换论题（变换论点）。

我们学习逻辑常识，是为了说话时不犯逻辑错误，更重要的是为了写作时培养理性思维能力，学会讲道理，善于讲道理。

2. 不矛盾律

在思维和论辩过程中，两个互相矛盾的判断，不能同时都是真的。

不矛盾律的基本逻辑要求：在同一思维过程中，对同一对象不能同时做出两个互相矛盾的判断，即不能既肯定它是什么，同时又否定它是什么。在思维和论辩过程中，思维必须前后一贯，否则就会犯“自相矛盾”的逻辑错误。

譬如，对于“同学们进行整本书阅读，要不要老师指导？”这个问题，有同学说：“阅读是自己的事，需要自己去体验和感受，老师再高明也代替不了自己的阅读，所以不需要老师的指导。”这样表达自己的看法没有问题，可是他接着说：“不过，如果有老师的适当指导也不是坏事，因为老师的阅历更丰富，老师成熟深刻的解读可以为我们的阅读打开方便之门。”那么他到底要不要老师指导呢？显然这前后两句话就违反了不矛盾律。

3. 排中律

在思维和论辩过程中，两个互相矛盾的判断，不能同时都是假的。

排中律的基本逻辑要求：在思维和论辩过程中，对于两个互相矛盾的判断，必须承认其中有一个是真的，不能对两者同时都加以否定。即不能对同一判断既不肯定，又不否定，否则就会犯“模棱两可”的逻辑错误。

譬如，有一个这样的论题：“你是要做旷野里自由生长的树，还是要做公园里经过修剪的树？”在同学各持一端争相表达自己看法的基础上，主持人总结道：“我们既不能任由自己像旷野里的树那样自由野蛮生长，也不能像公园里的树那样受人刀斧。做什么树，因人而异，自己喜欢就好。”

原来的论题设置了一个矛盾的困境，就是让我们思考和取舍。那么，我们不能两个都完全否定，也不能像主持人这样“和稀泥”，这句总结看似辩证，实际上模棱两可，否定了两个矛盾的判断，就是违反了排中律。

4. 充足理由律

在思维和论辩过程中，任何一个真论断，总有其充足理由。所谓充足理由，指这样一种理由：它不仅应当被断定为真的，而且它同由其推出的论断之间有着逻辑上的推论关系。

充足理由律的基本逻辑要求：在论证过程中，作为论证根据的理由必须是真实的，理由与其推出的论断之间应当是有逻辑推论关系的，否则就会犯“虚假理由”或“推不出”的逻辑错误。

譬如，有人说："任何诗和远方的说法都是虚伪的，人首先要吃饭，所以，你的任何浪漫的设想都会被现实粉碎。"这句话就犯了"虚假理由"的错误，即用一个主观臆造的理由为根据。这个推理的前提"任何诗和远方的说法都是虚伪的"是虚假的、不成立的，不能因为自己心里没有诗意就否定世上有诗意的存在。

我们再举一个例子来说明从理由不能必然推出结论的错误，即"推不出"。譬如："你读衡水中学就能考上清华大学，因为衡水中学有不少同学考上了清华大学。"这句话的前后根本不存在因果关系，同样违反了充足理由律。

三、案例与故事：日常生活中的逻辑谬误

概念运用的谬误

1. 普遍概念与单独概念：自己的家

来看下面这段文字：

子琪不喜欢妈妈唠叨，逃出家门，到一家茶社复习功课。服务生为他打开了一个单间，亲切地说："在这间房里复习功课，你会感到像在自己的家里一样。"子琪一听此言，大声呼救："天哪，快给我换个地方吧！"

"自己的家"是个普遍概念（包含一类事物，如"城市"），不是单独概念（如"重庆"）。作为普遍概念外延的这类事物的每一个分子都有自己特有的属性，即每个人都有"自己的家"，而各人"自己的家"的情况各不相同。

茶社服务生对子琪"自己的家"的特有属性一无所知，以个人对"自己的家"的一般理解来推测子琪的心理，结果当然适得其反。

2. 语词与集合概念：我是历史的创造者

一个具体的语词，往往既可表达集合概念，又可表达非集合概念。这就需要联系语言环境来识别。如下面这句话：

人民是历史的创造者。我是人民中的一员，因此，我就是历史的创造者。

“人民是历史的创造者”中的“人民”是集合概念。它是指由属于人民的个体组成的一个不可分割的整体，这句话里的“人民”只反映这个整体，并不反映组成整体的每一个具体的人。所以，“人民是历史的创造者”绝不是说任何一个属于人民的个体都是历史的创造者。将统一整体的集合体替换为个体，就混淆了集合概念与非集合概念。

同样是“人民”这个语词，它在下面这句话里所表达的则是一个非集合概念。

在我们的国家里，人民享受着广泛的民主和自由。

在这里，“人民”既反映了“人民”这个类，同时又反映了“人民”中的任何一个成员。这句话表明了“人民中的任何一个成员都享受着广泛的民主和自由”的意思。

3. 集合概念：哪块烧饼让我饱？

来看下面这段文字：

有个人肚子饿了，到烧饼铺买烧饼吃，吃完了一个没饱，又吃了一个还是没饱，一连吃了七个烧饼才吃饱了。吃完第七个烧饼以后，这个人就后悔了：“咳！早知道第七个烧饼能吃饱，我还吃前头那六个烧饼干什么呀！”

集合概念是反映个别事物组成的集合体的概念。集合体是一个统一的不可分割的整体。集合体所具有的属性，作为其组成部分的个体并不具有。因而，集合概念只适用于它所反映的集合体，而不适用于组成集合体的任一个体。

我们可以将使肚子由饿到饱的“七个烧饼”理解为集合概念，“七个烧饼”不是七个重复的烧饼，而是组成了统一整体的集合体，这个集合体所具有的属性（使人吃饱肚子），作为整体中的任何组成部分（即每一个烧饼）都不具有这个属性。

让人吃饱的是“七个烧饼”这一集合概念，而不是其中任何一个（包括第七个）烧饼这一个体概念。这个吃烧饼的人以为是第七个烧饼使他填饱肚子的，想把第七个烧饼从“七个烧饼”这一整体中剥离出来，因而闹了笑话。

4. 概念的内涵与外延：作为“童年伙伴”与“三品文官”的“胖子”

请阅读下面这篇小说，注意文中画线的词句。

胖子和瘦子

［俄］契诃夫

在火车站上，两位朋友，一个胖子和一个瘦子，相遇了。

胖子刚刚在火车站餐厅里用过午餐，他的嘴唇油亮亮的，像熟透了的樱桃。他身上有一股酒和橙花的气味。瘦子刚从车厢里下来，吃力地提着箱子、包裹和硬纸盒。他身上有一股火腿肠和咖啡渣的气味。在他背后，有个下巴很长的瘦女人不时探头张望——那是他的妻子，还有一个眯着一只眼的中学生，那是他的儿子。

“波尔菲里！”胖子看到瘦子，大声喊道，“是你吗？我亲爱的！多少个冬天，多少个夏天没见面啦！”

“我的老天爷！”瘦子惊呼道，“这是米沙，小时候的朋友！你打哪儿来的？”

两位老朋友互相拥抱，一连吻了三次，然后彼此看着对方泪汪汪的眼睛。两个人都感到又惊又喜。

“我亲爱的！”瘦子开始道，“真没有料到！简直喜出望外！哎，你倒是仔细瞧瞧我！你呢，还是那么一个美男子，跟从前一样！还是那样气派，喜欢打扮！咳，你，天哪！噢，你怎么样？发财了吧？结婚了吧？我已经成家了，你看……这是我的妻子路易莎……这是我的儿子纳法奈尔，中学三年级学生。纳法尼亚（纳法奈尔的爱称），这位是我小时候的朋友！中学同班同学！"

"喂，朋友，你生活得怎么样？"胖子热情地望着朋友，问道，"在哪儿供职？做多大的官啦？"

"在供职，亲爱的！我升了八品文官，已经做了两年了，还得了一枚圣斯坦尼斯拉夫勋章。薪金不高……咳，去它的！我妻子给人上音乐课，我呢，工作之余用木料做烟盒。好歹能维持生活。你知道，原来我在一个厅里做科员，现在把我调到这里任科长，还是原来那个部门……往后我就在这里工作了。噢，你怎么样？恐怕已经做到五品文官了吧？啊？"

"不对，亲爱的，再往上提，"胖子说，"我已经是三品文官了……有两枚勋章了。"

刹那间，瘦子脸色发白，目瞪口呆，但很快他的脸往四下里扭动，做出一副喜气洋洋的笑容。似乎是，他的脸上，他的眼睛里直冒金星。他本人则蜷缩起来，弯腰曲背，矮了半截……他的那些箱子、包裹和硬纸盒也在缩小，皱眉蹙额……他妻子的长下巴拉得更长，纳法奈尔垂手直立，扣上了大衣上所有的纽扣……

"我，大人……非常高兴！您，可以说，原是我儿时的朋友，忽然间，青云直上，成了如此显赫的高官重臣！嘿嘿，大人！"

"哎，算了吧！"胖子皱起了眉头，"何必来这种腔调！你我是儿时朋友——何必来这一套官场里的奉承！"

"哪儿行呢……您怎么能这么说，大人……"瘦子缩得更小，嘿嘿笑着说，"大人体恤下情……使我如蒙再生的甘露……"

胖子本想反驳他几句，但看到瘦子那副诚惶诚恐、阿谀谄媚、低三下四的寒酸相，几乎要呕吐了。他扭过脸去，向瘦子伸出一只手告别。

（有删改）

瘦子波尔菲里和胖子米沙是小时候要好的玩伴，多年不见，在一个小车站重逢。瘦子过着辛苦的小公务员的生活，最近由科员升任科长，特别兴奋，就在胖子米沙面前炫耀。可当他得知眼前的米沙已是“三品文官”时，人一下子矮下去了，变得猥琐卑微，让胖子都要呕吐了。

这篇小说中，“还是那么一个美男子，跟从前一样！还是那样气派，喜欢打扮”的米沙，和已是“三品文官”“有两枚勋章”的米沙，这两个概念的外延相同，都是眼前的这个胖子，但内涵是不同的。“还是那样气派，喜欢打扮”的米沙，这一概念反映了瘦子念旧时对过去的回忆，是米沙留在波尔菲里记忆中的印象，是米沙儿时的本质属性。“三品文官”这个概念，反映了米沙现在的社会地位，是胖子此时在瘦子眼里的本质属性。

从作品主题看，瘦子态度的急剧变化，反映了等级观念对社会风气的毒化。

从逻辑角度看，在瘦子知晓胖子身份前后，“胖子”这一概念的内涵有了差异，由“童年伙伴”变成了“三品文官”，“胖子”得到了新解释，因此瘦子的行为发生了巨大变化。也就是说，概念的外延（即这个人）没变，但这个人在他人心中唤起的感觉（即这个语词代表的概念的内涵）发生了变化。

5. 概念不能不限制又不能太多限制：适合才准确

为了表达的准确，必须对需要限制的概念加以限制。该限制而不加限制就会犯错，如“爱迪生发明了电灯”就不能说成“爱迪生发明了灯”，只有将“灯”限制为“电灯”才恰当。概念的限制可以只限制一次，也可以连续限制，连续限制能使人们对概念的一般性认识具体化。不恰当的限制会让人无法确定具体所指的对象，如“最擅长写讽刺诗的诗人”，我们就不知说的是谁，而“晚唐最擅长写讽刺诗的诗人”，我们可知说的是陆龟蒙；“英国 18 世纪初最擅长写讽刺诗的诗人”，我们能确定说的是蒲柏。

对概念进行限定，必须注意限制要适度。下面的故事就嘲讽了一个限制不当的人：

某人一辈子平平淡淡，但他生性不喜平淡，总想象自己功高盖世，是个一出场大地就要抖三抖的人。有一次，他和儿子在路上走，迎面来了个朋友。这个朋友不认识他的儿子，就问他："这位是谁？"

此人眉毛一扬，大着嗓门说："他虽然是朝廷极宠爱的吏部尚书的真正外孙的第九代的嫡亲女婿，却是我生的儿子。"

正常的回答是"这是我的儿子"，对"儿子"进行一次限制，这样的限制是适当的，能够达到准确使用概念的要求。而某人说出的那一长串的限制，其目的是希望引起朋友的重视，结果反而成了笑话。

按形式逻辑要求，限制词要简洁明了，以保障读者对概念的准确把握。生活现象告诉我们，限制越少，这个人的知名度越大。比如，鲁迅先生印名片，是不需要加"著名作家、著名翻译家、著名出版家"等一连串头衔的。

6. 概念不能过度概括："猪猪"不是"东西"

属概念，也称上位概念、类概念，反映事物中作为属的那类事物的概念，与种概念（下位概念）相对。从概念之间的关系看，如果一个概念真包含另一个概念，那么前者称属概念，后者称种概念。如概念"科学家"包含概念"物理学家"，"科学家"便是"物理学家"的属概念，"物理学家"则是"科学家"的种概念。

概念的限制要适度，同时也要准确。请看下面这段对话：

女孩手里拿着毛绒玩具，有一个眼神不太好使的老太太跟她搭讪，问她："手里拿的什么呀？"

"毛绒小猪猪。"

"什么？"

"玩具。"

“这孩子，说话声音这么小，我还是没听清。”

“阿姨，我拿的是东西。”

“毛绒小猪猪”这个概念是清楚的，将其概括，得出其上位概念“玩具”，尚能明确；再不断往上概括，说它是“东西”，当然没错，但一个概念的内涵太小，外延太大，就起不到交流信息的作用。这女孩可能是不喜欢这个耳聋眼花的老太太的询问，才故意将概念不断往上概括。

日常生活中因为过度概括导致无信息的对话并不鲜见，如两个人一起到酒店参加宴会，宴会结束之后他们要开车回去，发生了如下对话：

甲：“你的车停在哪里呀？”

乙：“停车场。”

甲问的应当是乙的车停在哪个具体位置，正常的交流应该明确位置的概念，回答哪个停车场的哪个区。乙回答说停在停车场，也没错，但信息不明确，这个回答等于没有回答，这就是对概念的过度概括。

判断运用的谬误

1. 同样的语句表达了不同的判断

逻辑学上，判断都是用句子来表达的，用语句表达的判断也叫命题；但不是所有的语句都是判断，也不是一个语句就只表达一个判断。请看下面两段对话。

对话 1：

有人问赵州禅师：“什么是禅法？”赵州禅师指示他去洗碗。

再有人问什么是禅法，赵州禅师告诉他去扫地。

因此，有人不满，责问赵州禅师：“难道洗碗、扫地以外没有禅法了吗？”

赵州禅师不客气地说道："除了洗碗、扫地，我不知道另外还有什么禅法。"

对话 2：

有源律师请教大珠慧海禅师："如何秘密用功？"

大珠禅师道："饥时吃饭，困时睡觉。"

有源律师不解地说道："那么每一个人每天都在修行？"

大珠禅师道："不同！别人吃饭，挑肥拣瘦，不肯吃饱；别人睡觉，胡思乱想，万般计较。"

（两段对话均选自星云大师演讲集《禅学与净土》）

这两段对话里，"洗碗、扫地就是禅法""饥时吃饭、困时睡觉就是禅功"，这两个句子表达的判断，其实是别有含义的，同样的语句表达了两个截然不同的判断。

在对话 1 里：一般人在洗碗、扫地时，常常拈轻怕重，想着这是下等的劳碌，是没有意义的事，即使洗了碗，扫了地，也是不情不愿、在不开心中完成的。——这是一般人不解"洗碗、扫地就是禅法"的原因。

洗碗、扫地时，就把手头的事做好，认真做好生命中每一件平常的事，这是最好的禅法。——这才是禅师的意思。

在对话 2 里：一般人在吃饭时，常常挑肥拣瘦，好吃的就贪吃，不好吃的就不吃；该睡觉时不睡，胡思乱想，千般计较，万般思量。——这是一般人不理解"饥时吃饭、困时睡觉就是禅功"的原因。

当吃饭时，把饭吃饱；当睡觉时，把觉睡好。该干什么就干什么，这是最好的修行。——这才是禅师的意思。

同样的句子表达不同的判断，在日常交流和阅读文章时，这都是会经常遇到的现象。从语言和修辞的角度看，这叫语句的言外之意；从逻辑的角度看，这叫同一个语句表达了不同的判断。

2. 被省略的隐含判断

请看下面这段文字：

有个老师四十多岁了，长相偏老，但他总想把自己说得年轻一些。有一次，他对班上的同学说："你们知道吗？我和我弟弟加起来一共五十六岁。"

"哇，"有个调皮的同学大叫起来，"老师，你弟弟一定刚上幼儿园吧？"

在这段对话中，老师是在暗示自己只有三十来岁，而同学则在暗示老师今年五十多岁了。同学的这一判断中隐含了另一个判断：你并不像你自己所说的那样年轻。有时候，隐含的判断显示了说话人的机智与幽默。但有时候，隐含的判断属于逻辑谬误。如下面这两个例句：

①李春校长为人很低调，但是在学校管理方面很有魄力。

②郑东俊对偷工减料行为深恶痛绝，所以他适合担任我们公司的领导。

例句①中，用了"但是"这样一个表转折的连词，隐含了一个错误判断——"为人低调的人缺乏领导魄力"，实际情况当然不是这样。

例句②中，用了"所以"这个表因果的连词，隐含了一个错误判断——"对偷工减料行为深恶痛绝的人适合当领导"，这也是完全错误的。

3. 判断的主项和谓项的周延

性质判断（直言判断）的形式：一切（有的）S 是（不是）P。它由主项 S、谓项 P 和量项（有的、一切）组成。主项和谓项称为词项。

在某一性质判断中，断定了某一词项的全部外延，我们就说这一词项在该判断中是周延的；如果只是断定了这一词项的部分外延，该词项就是不周延的。

词项的周延性问题只存在于判断之中。一个孤立的概念，即离开了判断的概念，只有外延问题，没有周延问题，当一个概念成为某一判断的词项时，它才有周延性问题。

来看下面这段文字：

上完第四节课之后，王泰老师回到办公室还很兴奋。他说："我的课堂太精彩了，我只是读了一篇简短的小说，他们就一个个笑得前仰后合。我的学生也太喜欢我了吧！"

这时语文科代表走进来送作业，小声说道："那是因为王老师您把李奶奶（nǎi nai）读成李 nāi nāi，还重复里面的粗话说'去他 nāi nāi 的'。"

王泰老师的话包含了两个性质判断：一个是"精彩的课堂是使学生情绪饱满（包括笑得前仰后合）的课堂"，另一个是"学生笑得前仰后合的课堂是精彩的课堂"。第一个判断是正确的，而第二个判断则错了。这是因为，学生笑得前仰后合，不一定就证明老师讲课精彩。

这两个判断都是全称肯定判断，我们来分析它们词项的周延情况。

在第一个判断中，主项为"精彩的课堂"，谓项为"学生笑得前仰后合"；量项"所有"被省略，既然是指所有精彩的课堂，说明主项的外延在判断中是被全部断定了的，因而，主项是周延的。而"学生笑得前仰后合"的情况可能由课堂精彩造成，也可能由其他原因造成，全称判断的谓项的外延在判断中并没有被全部断定，因此，谓项是不周延的。

一个正确的全称肯定判断，如果将主谓项互换，就会出现逻辑谬误，因为本来不周延的词项被换成一个周延的词项了。即当"一切 S 都是 P"正确的时候，将这个判断倒过来说成"一切 P 都是 S"则是错误的。如：

①所有三好生都是成绩好的学生。（命题成立）

所有成绩好的学生都是三好生。（命题不成立）

②所有官员都是为人民服务的。（命题成立）

所有为人民服务的都是官员。（命题不成立）

③所有健康、正常的人都有两条腿。（命题成立）

所有有两条腿的都是健康、正常的人。（命题不成立）

电影《喜剧之王》里有这样一段对白：

天仇：早啊！洪爷！我们的《雷雨》马上就要公演了，我们再排练一次好不好？

洪爷：《雷雨》还要排练吗？《雷雨》就是讲义气嘛！出来混，就要讲两样东西：第一，就是讲义气；第二，讲钱。讲义气就是说……

天仇：《雷雨》是要讲义气，不过不要忽略了那段感情戏。因为你的角色，最后是为爱情而被雷劈死的。

洪爷：说到劈，我告诉你啊！这个劈，我们江湖上有两种方法，第一就是砍，第二就是捅啊！（卷起衣服）这条刀疤，就是被牛肉刀砍出来的。（用手示范）捅就是这么捅的。

尹天仇说“因为你的角色，最后是为爱情而被雷劈死的”，指的是曹禺的《雷雨》中周冲爱上四凤，最后周冲和四凤知道两家的纠葛之后，四凤伤心跑走，周冲去追赶，两人在花园被漏电的电线给电死了。电影为了喜剧效果，将这一情节故意改为“为爱情而被雷劈死”。尹天仇向洪爷说戏，主要意思就是这个判断：洪爷要演的角色是为了爱情被雷劈死了的（周冲）。

洪爷是个街头小混混，根本不知《雷雨》为何物，也不懂“雷劈”与“刀劈”的区别。但他听懂了“劈死”两个字，所以转换到他熟悉的话题上去，遂有“说到劈，我告诉你啊！这个劈，我们江湖上有两种方法，第一就是砍，第二就是捅啊！”这样搞笑的桥段。

这个判断是这样的：劈（砍人、捅人）这种戏份，我洪爷演起来不费劲。

这段搞笑的经典对话，建立在两个谬误上：第一，“劈死”这个语词代表了两个概念——“雷劈死”与“刀劈死”，洪爷混淆了这两个概念；第二，“洪爷要演的角色是被劈死的”这个全称肯定判断（这里的单称判断没有外延，它本身就是全部，所以将其归入全称判断），主项“洪爷要演的角色”是周延的，谓项“被劈死的”是不周延的。这个判断的主项和谓项互换之后是不能成立的，即“被劈死的是洪爷要演的角色”是不成立的。

对“雷劈死”与“刀劈死”两个概念的混淆，导致洪爷误以为他有“拿刀劈人”的经验，就能演好追求爱情不幸触电而死的周冲。当然这主要还是因为他对剧本一无所知；从逻辑上分析，则是概念和判断的谬误。

再来看下面这段文字：

周林同学因小儿麻痹症而两腿瘫痪，他很聪明也很勤奋，每次考试都是班级第一。同学王新宇很调皮，成绩最差。有一次校会上校长表扬了周林同学。王新宇在一旁说：“唉！可惜我双腿正常，我如果瘫痪了，成天坐在那里，也能一样好好学习，成绩第一。”

“有些成绩优秀的同学是身体残疾的”这个特称肯定判断是正确的。而王新宇同学认为自己如果身体残疾也会取得好成绩，是基于“所有身体残疾的同学都是成绩优秀者”这一全称肯定判断得出的结论，“身体残疾者”这个不周延的谓项变成了周延的主项，这是王新宇同学话语中的逻辑谬误。

简单地说，根据“有些 S 是 P”，不能得出“所有 P 都是 S”。如下图所示，我们很容易看清楚 P 和 S 的关系。

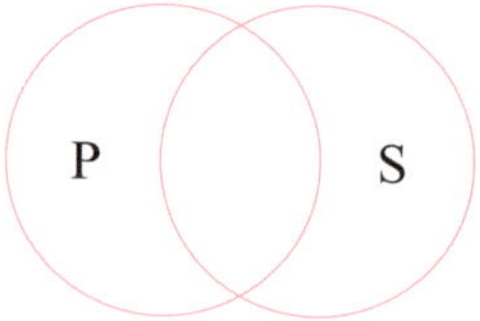

由此可得出结论：当我们把一个命题的主项和谓项颠倒过来时，不能使本来不周延的词项变得周延。

违背逻辑规律的谬误

思维的确定性，是正确思维的基本特征和本质规定之一。任何一个正确的思维过程必须有确定的思维内容，思考着确定的思维对象。思维的确定性是客观事物的质的规定性在思维中的反映。

偷换概念，指在思维和论辩过程中自觉或不自觉地违反同一律的逻辑要求，用一个概念去替换另一个不同的概念而产生的逻辑错误。

偷换概念是一种常见的诡辩法，主要有以下几种表现：

（1）任意改变一个概念的内涵和外延，使之变成另一个概念。

（2）利用多义词可以表达几个不同概念的特点，故意把不同的概念混淆。

（3）抓住概念之间的某些相似之处，抹杀不同概念的本质区别。

（4）混淆集合概念与非集合概念。

以上内容在本章“概念运用的谬误”里已举例阐释。

1. 同一关系的概念：“窃书”与“偷书”

下面是我们熟悉的《孔乙己》的片段：

他不回答，对柜里说：“温两碗酒，要一碟茴香豆。”便排出九文大钱。他们又故意的高声嚷道：“你一定又偷了人家的东西了！”孔乙己睁大眼睛说：“你怎么这样凭空污人清白……”“什么清白？我前天亲眼见你偷了何家的书，吊着打。”孔乙己便涨红了脸，额上的青筋条条绽出，争辩道：“窃书不能算偷……窃书！……读书人的事，能算偷么？”接连便是难懂的话，什么“君子固穷”，什么“者乎”之类，引得众人都哄笑起来：店内外充满了快活的空气。

我们在思维和表达中，要防止将非同一关系的概念看成同一关系的概念，也要防止将同一关系的概念看成非同一关系的概念。孔乙己的说法，正是将同一关系的概念看成非同一关系的概念。“偷”和“窃”是具有同一关系的两个概念，它们的内涵虽略有不同，但外延却是相同的，都是指偷窃行为。

2. 偷换论题：作文运用例证要特别谨慎

偷换论题，指论证中有意或无意地违反同一律的逻辑要求而转移论题的逻辑谬误。

偷换了论题，本来应该证明的论题就得不到证明，而所作的论证就会成为文不对题的废话。在实际论证过程中，人们把原来提出的论题换成另一个完全不相干的论题比较少见，常见的是换成另一个近似的论题，往往表现为“证明过少”或“证明过多”。在反驳过程中，如果有意无意地去反驳一个与被反驳论题不相关或虽相关但并不同一的论题，也是犯了偷换论题的错误。

这样的错误在同学们的作文中最为常见。如这样一道作文题：

预测，指预先推测。生活充满变数，有的人乐于接受对生活的预测，有的人则不以为然。请写一篇不少于800字的议论文，谈谈你的思考。

下面是某同学的论证过程：

“情随事迁，感慨系之矣。向之所欣，俯仰之间，已为陈迹。”王羲之在《兰亭集序》中的感叹历历在目，是的，生活不是一帆风顺的，时时处处存在着暴风雨的袭击。圣地亚哥面对突如其来的暴风雨，以及不速之客——大鲨鱼，他抱有“可以被毁灭，但不能被打败”的精神。史铁生在面对未预料到的腿疾之时，迷失自我，但最终在写作中看到曙光。苏辙被贬，寄情于快哉亭，道出“不以物伤性，将何适而非快”的坦然，拥抱突如其来的风浪。苏轼《前赤壁赋》中所说“盖将自其变者而观之，则天地曾不能以一瞬”，仿佛冥冥之中告诫我们，生活充满变数和挑战，要勇于面对，面对世事无常，拥抱“不速之客”。

王羲之的人生感叹、圣地亚哥的打不败的精神、史铁生的写作救赎、苏辙的寄情快哉亭……都是来自教材的例子，表达很优美。但是，如此密集的例证，还未展开论述就一笔带过，会让读者感到很迷惑。论据似乎很“高大上”，但是这些论据和预测有什么关系？苏轼的这句感慨能得出“勇于面对生活的变数和挑战”这一结论吗？苏轼哲思中的“变”，与未来生活“变幻莫测”的“变”根本就不是一个概念。

从形式逻辑的角度分析，这段文字要论证的并不是题目中规定的论题，这就是偷换论题。这个同学在修改之后，让作文回到了论题本身，升格文如下：

一般人在20岁的时候，可能会预测自己未来的人生风云激荡、事业有成，史铁生当然也不例外，他不会预测到自己瘫痪；但当无法预测的残酷事实降临，当命运之神露出了它狞厉的面容时，史铁生没有被无法预测的命运打败（这是对试题“生活充满变数，有的人乐于接受对生活的预测，有的人则不以为然”的回答）。史铁生面对生活的变数，在无法预测的灾难面前，开启了“另一套生存密码”。

苏轼被贬黄州，未必是他能预测到的，到黄州是他生命中的变数。他是如何面对的呢？他寻找、沉醉于日常生活中的美好，获得了心灵的救赎。他对预测没有“乐于接受”，也没有“不以为然”，他找到了第三条道路：既然无法预测，就选择风雨人生中的“长江绕郭知鱼美，好竹连山觉笋香”吧。

其他逻辑谬误

1. 以人为据的谬误

以人为据，指用对某人品质的评价为论据来肯定或否定其论断。它分为两种情况：一种是因人废言，即这个人曾经犯过错误，有道德和行为上的缺陷，就认为他所说的任何话都是不可靠的；另一种是因人立言，即说话者位高权重，就认为他说的任何话都值得信赖，能作为论据。后一种也就是诉诸权威。

诉诸权威，不仅以权威人士的只言片语为论据来肯定一个论题，还可能以权威人士从未提出过的某命题为论据来否定一个论题，对论题不做任何论证，而唯权威是从。这样的情况在日常生活中有两种表现：一是言语交际过程中，喜欢说“我听某某讲的”，以此代替论证过程，这个某某当然是这个谈话所涉及的话题的权威；二是同学们作文中的引证，引用名人名言，却只引而不证。

第一种情况，就如下面的对话：

蔡春燕："到边疆支教可以补贴五十元，你要不要报名去呀？"

高建文："你怎么知道？"

蔡春燕："我的好朋友告诉我的。"

高建文："不太可能吧，这笔钱谁出呀？"

蔡春燕："你管谁出。这件事是我的好朋友偷偷告诉我的，外面人还不知道。"

高建文："你朋友好牛啊，他做什么的？"

蔡春燕："他就是局里分管人事的，当然消息灵通了。"

上面的对话就是"对论题不做任何论证，而唯权威是从"的典型案例。我们关心消息的真假，而不是消息的来源，虽然消息的来源是判断真假的重要依据，但还要依靠其他因素进行论证和判断。

同学们引用名人名言时也要注意名言的适用场合。许多名人名言，包括历代的谚语格言，拿来作为论据的时候，都要考虑到这些言论与我们要讨论的论题之间的关系，要有分析论证的过程，否则别人也能找到相反的谚语、格言来反驳你。

请看下面这些可以互相"掐起来"的格言：

序号	格言1	格言2
1	光阴似箭	度日如年
2	出淤泥而不染	近朱者赤，近墨者黑
3	兔子不吃窝边草	近水楼台先得月
4	在天愿作比翼鸟，在地愿为连理枝	夫妻本是同林鸟，大难临头各自飞
5	好男儿宁死不屈	大丈夫能屈能伸
6	宁为玉碎，不为瓦全	留得青山在，不愁没柴烧

（续表）

序号	格言1	格言2
7	瘦死的骆驼比马大	拔了毛的凤凰不如鸡
8	三百六十行，行行出状元	万般皆下品，唯有读书高
9	善有善报，恶有恶报	人善被人欺，马善被人骑
10	退一步海阔天空	狭路相逢勇者胜
11	金钱不是万能的	有钱能使鬼推磨
12	明人不做暗事	兵不厌诈
13	人定胜天	天意难违
14	双喜临门	福无双至，祸不单行
15	船到桥头自然直	船到江心补漏迟
16	小心驶得万年船	不入虎穴，焉得虎子
17	人多好办事	人多手脚乱

在议论文写作中，如果不配合严谨的论证过程，单纯引用格言谚语，文章就可能没有多少说服力。

2. 诉诸无知的谬误

诉诸无知，指认为一个命题没有证明其为假的证据，就是真的；一个命题没有证明其为真的证据，就是假的。事实上，没有证明其为假的证据不等于它就是真的，没有证明其为真的证据也不等于它就是假的。例如，举不出鬼神不存在的证据，不能因此就认为鬼神是存在的。再如下面这个例句：

我们没有确凿的证据表明××病毒在公众中已经开始传播，因此，××

病毒还没有在公众中开始传播。

知识是无限的，我们今天有许多事情无法解释，这是当下的境遇（“无知”）；但是，不能将一个论点证据的不足当作反对此论点的证据。“我们没有确凿的证据表明 ×× 病毒在公众中已经开始传播”，也可能是因为我们目前的科技水平未能检测和监测到病毒的传播方式，不能因此断定“×× 病毒还没有在公众中开始传播”。

3. 仓促概括的谬误

仓促概括这种谬误的表现：由某类事物其中一部分是某种情况，进而概括这类事物的全体都是这种情况。如：

①有些药可被医生用于减轻病人的痛苦。因此，所有人应该有自由使用各种药物。

②我小学的数学老师脾气暴躁，初中的物理老师脾气也暴躁。因此，我认为，所有的理科教师脾气都很暴躁。

这两句话都是从一部分事例得出普遍结论。虽然部分事例也是证据，但是它们还不够充分。再看下面这个例句：

初中劳动技术课期末检测是开卷考试，历史课期末考试允许学生翻看教材，数学期末考试允许学生查阅相关公式定理。因此，学生应该被允许带书参加考试。

这句话仅仅给出三个事例，而且事例中对带进考场的书也有限制。因此，不能得出“学生应该被允许带书参加考试”这个结论，这个例句也是仓促概括。

4. 强加因果的谬误

强加因果，指当人们观察到一件事情总是在另一件事情之后发生，由此而推定一件事是由另一件事引起的。

当然，这种联想和推理也是人类认识未知世界的正常路径，只是我们运用这种思维方式时要特别谨慎。仅凭两件事的先后顺序就判定它们之间是因果关系，很容易犯强加因果的谬误。

甲事件和乙事件先后发生了，它们之间可能存在这样几种情况：甲是原因，乙是结果；甲、乙都是结果，另有一个共同的原因丙；甲、乙之间没有因果关系。

真实的情况更复杂，有些谬误还经常披上科学的外衣。我们来看下面的案例：

某机构发布了一条信息：经过调研，发现鼻炎与学生的成绩有因果关系，得鼻炎的学生普遍成绩较差。

对于这样的信息，首先，我们要质疑它调研的样本量。其次，我们还要思考以下四个问题：鼻炎的确是造成成绩下降的原因，学生患鼻炎导致成绩较差的结果；另有其他原因（如家庭矛盾、居住环境因素、身体遗传素质等），导致鼻炎和成绩不佳；成绩不佳是原因，鼻炎是结果，因为成绩不佳导致焦虑，焦虑又导致免疫力下降，免疫力下降诱发鼻炎；鼻炎与成绩不佳之间没有关系，调研数据来源是否可靠存疑。

可见，“得鼻炎”和“成绩差”两个事件之间的关系有四种可能性，我们需要更多的信息，进行更深入的研究，才能确定两者之间的真正关系，仅凭外显的数据做出这种归因推断，是不可取的。

5. 预设前提（有罪推定）的谬误

生活中我们常常听到这样的话，“一个巴掌拍不响”“苍蝇不叮无缝的蛋”……这些话虽一定程度反映了真实的状况，但不代表这些话就是正确的，要特别注意，这些话是有适用场合的。

有时候两人发生矛盾，双方都有责任，确实是“一个巴掌拍不响”。但有时候是一方对另一方的恃强凌弱，被凌辱的一方没有任何过错，就不能用这句话去评论事件。比如，校园霸凌事件中多是强者对弱者的欺凌，教育者如果用这句话去处理纠纷，就是极不公正的行为。再比如，社会生活中，女生穿得清凉，不是她们被骚扰的理由，用这句话来责怪受害者也是对她们的伤害。

下面的例子大家一定很熟悉：

最近班上有传闻说，同学甲的好朋友同学乙，和社会上的不良少年有密切交往，甲便去问乙。

乙："没有这回事，传闻是假的。"

甲："如果没有这回事，为什么有这种传闻？如果你没有做，为什么他们这样说你？为什么他们散布的事情只与你而不是我相关？这些传闻一定基于某些事实。"

甲的三连问，堪称"要命三问"，存在预设前提（有罪推定）的谬误。这是因为：

即使没有这回事，仍然可能有这种传闻——可能是传播者看错了人，可能是其他误解，也可能是传播者在故意传播错误的信息。

即使乙没有做什么，也可能会被人中伤——可能有妒忌者故意散布谣言。

传闻说了乙而没有说甲，不能证明乙的道德不好、甲的道德更好——传闻可能是他人中伤，而甲恰好没有进入造谣者的视野。

6. 循环论证的谬误

循环论证，是指用一个独立的论据乙支持观点甲，但当问及支持乙的论据时，又将观点甲当作支持乙的论据，观点和论据互为彼此。请看下面的例子：

柯晓丽："我跟你说呀，尹元君喜欢我。"

张莎菊："你怎么知道？"

柯晓丽："尹元君自己告诉我的。"

张莎菊："但是他可能对你撒谎。"

柯晓丽："不可能，他从来都不会对他喜欢的人撒谎。"

这段对话中柯晓丽结论得出的过程：尹元君说他喜欢我——尹元君不对他喜欢的人撒谎——他说喜欢我，那就是真的喜欢我。

其实也完全可以这样推论：尹元君说他喜欢我——不，尹元君并不喜欢你，他在撒谎——他说不对他喜欢的人撒谎，而你不是他喜欢的人，所以他可以对你撒谎。

简单地说，支持"尹元君喜欢柯晓丽"这个论点的论据是，"尹元君对柯晓丽说自己喜欢她，而且尹元君不对他喜欢的人撒谎"。可是保障"尹元君不对他喜欢的人撒谎"的又恰恰是"尹元君喜欢柯晓丽"。这就是典型的循环论证谬误，结果是谁也证明不了谁。

7. 复杂询问的谬误

据说教育心理学家教母亲对付不听话的小朋友时，常常教她们使用询问的方法，如：

小朋友睡觉不盖被子。妈妈说："不盖被子会受凉的，宝宝乖，听话啊。"

这样说，小朋友是不会听话的。

如果问："宝宝今晚是盖黄色的小被被，还是盖蓝色的小被被呢？"

小朋友则很有可能去做选择题，而忘了他根本就不想盖被子这件事。

这种"诱导"是家长的小伎俩，一定程度上可以方便引导小朋友。但从逻辑上说，家长其实故意犯了复杂询问的逻辑谬误，即询问中包含了陷阱。

破除复杂问语的方法是将问题分开，如：

妈妈："你想不想做一个好孩子并马上上床睡觉？"

孩子："妈妈，我想做一个好孩子，但是我今晚不想这么早睡觉。老师让我明天上台演讲，我还要查一下资料，把准备做足一点。"

妈妈的询问包括了两个问题："你想做一个好孩子吗？"和"你想现在睡觉吗？"——将这两个没有必然关系的问题捆绑在一起，而排除了选择做一个好孩子但不现在上床睡觉的可能，并因此使得所有不上床睡觉的理由无效。孩子则把"做一个好孩子"和"现在睡觉"这两个问题分开，破解了妈妈的"陷阱"。可见，学好逻辑，我们可以更妥当地交流，更好地讲理。

生活中也有这样的复杂询问，如：

①你想不想做一名好学生，为班级的荣誉去打扫厕所？

②你想不想做一名好员工，为企业的发展快乐地加班？

正确的回答：我想，我愿意，但不是现在，也不是您指定的这件事，因为我有更好的方式为班级的荣誉（为企业的发展）奉献我的力量。

四、综合练习

基础篇

（一）选择题

1. 有一家民意调查机构，对美国疫情扩散的原因进行调查，结果发现：56% 的人认为是美国民众的不理解、不配合、不重视；37% 的人认为是政府抗疫不力；28% 的人认为是检测手段的问题，即有钱人可以获得多次检测，低收入人群得不到检测，导致很多被感染者隐匿在人群当中，继续感染健康的人。以下最能合理地解释上述结果的一项是（　　）

A. 调查样本的抽取不具有代表性，结论的可信度有限。

B. 有的被调查者观点游移不定，所以数据未必准确。

C. 不少被调查者认为是多种原因导致美国疫情扩散。

D. 调查结果计算出现技术性差错，结论很难说可靠。

2. “复兴号高铁一等座车厢里有 6 名旅客，其中有 2 名科学家、1 名企业家、3 名律师、4 名美国人、2 名中国人。”这一信息分类标准不一，所以统计结果的总数不等于子项数字之和，如果要使数字一致，应补充的一项说明是（　　）

A. 其中 1 名律师是唯一的企业家的法律顾问。

B. 其中科学家是中国人，企业家和律师是美国人。

C. 4 名美国人有 2 名是科学家，2 名是律师。

D. 有 1 名科学家和其中的 1 名美国人是夫妇。

3. “他现在在路上，或者是要去咖啡馆，或者是从咖啡馆回来。”对这一判断的真假进行解说，正确的一项是（　　）

A. 无所谓真假。　　B. 真的。

C. 假的。　　D. 或者是真的，或者是假的。

4. 一家卫生洁具销售商在其销售合同中郑重承诺：“本店所销售的洁具都是正品；负责免费安装，但安装所需材料费除外；免费保修一年，但非本公司过错所造成的损失除外。如有欺诈，本公司愿负法律责任，并付十倍以上赔偿金。本公司保留对此合同条款的一切解释权。”下面对该公司及其合同的评价正确的一项是（　　）

A. 该公司经营诚实，因为它承诺：如有欺诈，愿付十倍以上赔偿金。

B. 该公司所卖洁具肯定都是深受广大消费者欢迎的高端品牌洁具。

C. 合同条款一切解释权在公司，合同对公司行为没有真正的约束力。

D. 商家只有敢于对自己的产品做出承诺，才能赢得全体顾客的信任。

5. 如果在道德宣传上定的调子太高，就可能催生“口头说一套，背后做一套”的虚假现象。有鉴于此，有学者提出，我们只应该要求普通人遵守“底线伦理”。以下作为“底线伦理”的定义最合适的一项是（　　）

A. 底线伦理是人们应遵守的最基本的行为规范和准则。

B. 底线伦理就是遵守法律法规，做到不偷盗、不杀人。

C. 底线伦理不是要求人无私奉献全力报答社会的伦理。

D. 如果把道德比作一座大厦，底线伦理就是大厦之基。

6. 偷税，指纳税人故意违反税收法规，采用欺骗、隐瞒等方式逃避纳税的违法行为。漏税，指纳税人因无意识而发生的漏缴或少缴税款的违章行为。根据上述定义，下面属于漏税的一项是（　　）

A. 周某开设了一家图片冲印社，税务部门按照查账征收的方式收缴其税款。当有大笔买卖时，她在客户联填写实际发生的金额，而存根联上填写很小的金额。

B. 某歌星在某地举行了个人演唱会，票房收入 60 万元，根据演出的协议，这位歌星拿到了票房收入的 25%，计 15 万元。第二天这位歌星就奔赴下一场演唱会了。

C. 毛某在小区附近开了家烟酒店，税务部门核定他每个月税款 300 元。他一直按时缴税。上个月他的脚崴了，有二十多天没营业，他就没有到税务局缴税。

D. 方某是饲料销售商，养殖户受疫情影响大幅减少养殖量，饲料销售随之锐减，利润很低，为此，方某对税务征管员说：“最近我们没有利润，没法纳税。”

（二）写出下列概念进行一次限制得出的下位概念，再进行概括得出其上位概念

序号	原概念	限制（下位概念）	概括（上位概念）
例	散文	抒情散文	文学作品
1	人文科学		
2	高中生		
3	沙发		
4	绿茶		
5	华为手机		
6	中华文化		
7	空调		

（三）下面是某词典对一些语词的解释，请指出这些语词表达的概念的内涵和外延

1. 广告，向公众介绍商品、服务内容或文娱体育节目的一种宣传方式，一般通过报刊、广播、电视、招贴、橱窗布置等形式进行。

2. 细胞，生物学名词。构成生物体的基本单位，体形极微，在显微镜下始能窥见。形状多种多样。主要由细胞核与细胞质构成，表面有薄膜。动植物细胞结构大致相同。植物细胞质膜外有细胞壁，细胞壁中常有质体，动物细胞质中常有中心体，而高等植物细胞中则无。细胞有运动、营养和繁殖等机能。

3. 禅宗，佛教宗派名，又名佛心宗或心宗，以印度菩提达摩为初祖。禅宗由达摩而至慧可、僧璨、道信，至第五祖弘忍门下，分成北方神秀的渐悟说和南方慧能的顿悟说两宗。但后世唯南方顿悟说盛行，主张不立文字，直指人心，顿悟成佛。禅宗兴起后，流行日广，影响及于宋明理学。

4. 散文，文体名。六朝以来，为区别于韵文、骈文，而把凡是不押韵、不重排偶的散体文章称为散文。随着文学概念的演变和文学体裁的发展，散文的概念也时有变化，某些历史时期又将小说与其他抒情、记事的文学作品统称为散文，以区别于讲求韵律的诗歌。现代散文是指除小说、诗歌、戏剧等文学体裁之外的一种文学作品。其本身按内容和形式的不同，又可分为杂文、小品、随笔等类型。

5. 词话，评论词、词人、词派以及有关词的本事和考订的著述。始于宋代，最早的词话专著是宋代杨绘的《时贤本事曲子集》，今佚。著名者有陈廷焯《白雨斋词话》、王国维《人间词话》等。

6. 电影，根据人的视觉具有瞬间保留印象的原理，用摄影机将人物或其他被摄体的活动影像拍摄成连续性的画面，通过放映机在银幕上再现。早期的电影无声，以后出现有声电影，现兼有黑白片、彩色片等。片种有故事片、新闻纪录片、科学教育片、美术片等。

（四）请指出下列概念在划分上存在的逻辑谬误

1. 西部地区自然条件比较复杂，有山区、丘陵、平原、牧区、林区和粮区。

2. 某出版社出版的教辅用书包括试卷、练习册、课时练和随堂练。

3. 古代诗歌可分为山水田园诗、边塞诗、借景抒情诗和托物言志诗等类型。

4.《诗经》、楚辞、笔记等古诗都是我们了解古代文化的一手资料。

5. 这次机器人大赛共分四个组：专业组、业余组、青年组和老年组。

6. 家长、校友、文化界以及音乐界知名人士，都来参加校庆。

（五）分析下面语句的逻辑谬误

1. 目前为止所有证明地球以外有生命存在的证据都是不充分的，因此，地球以外不存在生命。

2. 男生比女生力气大，吴定初是个男生，因此吴定初的力气比女生魏丽霞大。

3. 上个月，小区的流浪猫咬伤了一位散步的老爷爷，同时上周一的电视新闻上说一只流浪猫袭击了两个给它喂食的路人。因此，流浪猫需要集中灭杀是一个不争的事实。

4. 男性不适合做护士，因为护士工作只适合女性来做。

5. 有专家认为，当前我国房价很高，尤其在一、二线城市，公积金在支持职工买房方面已经沦为“鸡肋”。另外，取消公积金能为企业减负，所以我认为有必要取消公积金。

6. 生命是一份礼物，所有的礼物都有赐予者，因此，存在一个生命赐予者。

7. 有些罪犯喜欢看黄色书刊，这意味着看黄色书刊将增加一个人犯罪的可能性。

8. 甲：你的化学这次将考班级第一名。

乙：你怎么知道？

甲：因为你能考满分。

乙：你怎么如此确信？

甲：因为对你来讲，考 100 分以下是不可能的。

9. 古代某书生这样解释女性为何要遵守“三从四德”：“女人要像服从主人一样服从丈夫，因为丈夫是妻子的主人；这就如同皇帝是天下臣民的主人一样，因为大臣要听从皇帝，所以妻子要在各个方面听从丈夫。”

（六）分析并评议下面语段的逻辑谬误

1. 班会课上，班主任组织了关于早恋是否影响学业的讨论，有个同学说：“如果两个人心志坚定，有强烈的学习动机，即使早恋，也不会影响他们的学业。如果两个人学习意志和学习动机都不强烈，那么即使没有早恋，学业成绩也不会出色。”

2. 某地飞行员和地面控制人员之间曾经出现过一些沟通失误，并且这些失误差点导致一场空难。当地某报的评论员撰文说：“近年来，某地人的英语水平大幅下降，如果真是这样，那么机场航空指挥员的英语水平自然也比以前糟多了。”

3. 有新闻报道称，留守儿童的父母因工作忙、受教育水平不高，或对子女实行棍棒教育，或不管不问，任其发展。不久，一位报纸专栏作者写了如下评论：“我们不应该责备这些家长，因为这些家长不是圣人，他们的生活太艰难了，应该责备的是什么造成了他们必须外出谋生。”

4. 鲁迅《论辩的魂灵》中有段话：

“你说甲生疮。甲是中国人，你就是说中国人生疮了。既然中国人生疮，你是中国人，就是你也生疮了。你既然也生疮，你就和甲一样。而你只说甲生疮，则竟无自知之明，你的话还有什么价值？倘你没有生疮，是说诳也。卖国贼是说诳的，所以你是卖国贼。我骂卖国贼，所以我是爱国者。爱国者的话是最有价值的，所以我的话是不错的。我的话既然不错，你就是卖国贼无疑了！”

5. 附加题：《论辩的魂灵》一文中还有十分精彩的段落，揭示了某些人的论辩（大部分是诡辩）手段。有兴趣的同学可以继续研读下面的文字，对其中的逻辑谬误做出批注。

“洋奴会说洋话。你主张读洋书，就是洋奴，人格破产了！受人格破产的洋奴崇拜的洋书，其价值从可知矣！但我读洋文是学校的课程，是政府的功令，反对者，即反对政府也。无父无君之无政府党，人人得而诛之。”

“你说中国不好。你是外国人么？为什么不到外国去？可惜外国人看你不起……”

……

“自由结婚未免太过激了。其实，我也并非老顽固，中国提倡女学的还是我第一个。但他们却太趋极端了，太趋极端，即有亡国之祸，所以气得我偏要说‘男女授受不亲’。况且，凡事不可过激；过激派都主张共妻主义的。乙赞成自由结婚，不就是主张共妻主义么？他既然主张共妻主义，就应该先将他的妻拿出来给我们‘共’。”

“丙讲革命是为的要图利：不为图利，为什么要讲革命？我亲眼看见他三千七百九十一箱半的现金抬进门。你说不然，反对我么？那么，你就是他的同党。呜呼，党同伐异之风，于今为烈，提倡欧化者不得辞其咎矣！”

“丁牺牲了性命，乃是闹得一塌糊涂，活不下去了的缘故。现在妄称志士，诸君切勿为其所愚。况且，中国不是更坏了么？”

“戊能算什么英雄呢？听说，一声爆竹，他也会吃惊。还怕爆竹，能听枪炮声么？怕听枪炮声，打起仗来不要逃跑么？打起仗来就逃跑的反称英雄，所以中国糟透了。”

“你自以为是‘人’，我却以为非也。我是畜类，现在我就叫你爹爹。你既然是畜类的爹爹，当然也就是畜类了。”

提高篇

（一）从下面各题的选项中选出一个正确的选项，并进行分析

1. 阅读下面的对话，回答问题。

甲：“在人口统计中，不论是哪个国家，哪个民族，在新生婴儿中，男婴的出生率总是摆动于 52% 这个数值左右，而不是 50%。”

乙：“那就是说，男婴出生率要比女婴出生率高。可是，我看过许多材料，这些材料说明，在许多国家和地区，都是女人比男人多。可见，认为男婴出生率总是在 52% 上下摆动，是不能成立的。”

甲、乙对话中能说明甲或乙的错误的一项是（　　）

A. 甲所说的统计规律不存在。

B. 甲的统计调查不符合科学。

C. 乙混淆了概念。

D. 乙用于反驳的资料不全面。

2. 地铁安检扫描仪在遇到旅客行李中藏有易爆品时会发出警报。扫描仪把没有易爆品的行李误认为有易爆品的可能性只有 1%，有人说："那岂不是 100 次报警中有 99 次会发现易爆品？"

对这个人的说法评价正确的一项是（　　）

A. 忽略了在有爆炸品存在的情况下误报为无爆炸品的情况。

B. 在讨论百分比时替换了数字的概念。

C. 忽略了扫描仪在检验易爆品时，操作员可能发生的人为错误。

D. 没有说明该扫描仪是否对所有易爆品同样敏感。

3. 宇文同学的手机被偷了，班主任怀疑是刘同学偷拿的，就将刘同学带到办公室，劈头盖脸地问道："你以后还敢不敢再偷拿同学的手机？"

下面与班主任说话的逻辑方式类似的一项是（　　）

A. 尹雪梅考试粗心，数学只得了 70 分。爸爸问他："你以后还敢这样粗心大意吗？"

B. 杨文鑫听信广告宣传买了一件假皮衣，同事问他："你以后还听信这种广告吗？"

C. 周大明飙车结果翻车住院，妈妈又气又急，问他："你以后还敢再这样飙车吗？"

D. 肖老师护送中风的父亲去医院没来得及请假，校长说："你以后还敢这样傲慢吗？"

4. 阅读下面的对话，回答问题。

甲："谣传你这次作文竞赛得了一等奖，有这回事吗？"

乙："既是谣传，何必多问？"

下面与上述对话形式相同的一项是（　　）

A. 鲍道宏："有人说你买彩票中了一等奖，有这回事吗？"

郭春芳："哪有，中了 5 元的奖。"

B. 王钦民："公司的单反相机被你偷拿回家了，藏在哪儿？"

徐小明："既然藏在我家，还问我干吗？"

C. 吴金华："你把我的《现代汉语词典》拿走了，是吗？"

李修银："那么你说的词典呢？"

D. 陈丽娟："你现在不跟你婆婆吵架了吗？"

黄丽萍："我何时跟婆婆吵过架？"

E. 周治平："你说是张院长人好，还是李院长人好？"

陈小星："那么，你说是春天好，还是秋天好？"

5. 有人坚信，除地球之外，还有其他星球也存在高级文明，因为目前没有任何理论和证据去证明这样的文明不可能存在。

下面选项中，与题干中的论证方式相同的一项是（　　）

A. UFO 是存在的，因为有人看见过 UFO 的踪影。

B. 既然你不能证明鬼不存在，所以鬼就是存在的。

C. 音乐家从小就表现了惊人的音乐天赋，如肖邦。

D. 百慕大三角吞噬了许多飞机、轮船，所以这是魔鬼区。

E. 嫦娥奔月曾是梦想，因科技发展，已成为现实。

6. 阅读下面的文字，回答问题。

章总经理和逄老师是朋友。章总曾跟逄老师提起过单位里的两位干将，描述过两位的长相和性格，一位是人事部的林颖清，一位是企划部的于长虹。有一次，逄老师受邀参加章总的宴会。章总为了活跃气氛，问逄老师："你猜一猜哪位是小林，哪位是小于？"

逄老师与两位年轻人是初次见面，两位都是年轻气盛的样子，认错人会很尴尬，实在很难判断谁是谁。于是他想了一会儿，回答道："小林旁边是小于，小于旁边是小林。"

"哈哈！"章总笑了。小林和小于也笑了。

以下各项中最能够准确概括逄老师回答问题策略的是（　　）

A. 以答非所问的方式来转移话题。

B. 以模棱两可的回答来回避问题。

C. 以幽默的回答嘲讽对方的问题。

D. 以混淆概念的方式来混淆视听。

（二）运用相关逻辑知识，回答下面的问题，并进行分析

1. 已知某班有 100 人，关于该班有多少人会游泳，有三句陈述：①有的人会游泳；②有的人不会游泳；③班长不会游泳。

这三句陈述中，只有一句话是真的，以下选项一定为真的一项是（　　）

A. 甲班有 99 人会游泳。

B. 甲班只有 1 人会游泳。

C. 甲班有 100 人会游泳。

D. 甲班的人都不会游泳。

2. 学校对本校教师和学生的一项调查显示：所有的击剑爱好者都爱好下象棋，有象棋爱好者爱好马拉松；所有的马拉松爱好者都不爱好街舞，有击剑爱好者同时爱好街舞。

如果上述结论都是真实的，则以下不可能为真的一项是（　　）

A. 所有的象棋爱好者也都爱好击剑。

B. 有的击剑爱好者爱好马拉松。

C. 街舞爱好者都爱好象棋。

D. 象棋爱好者都爱好街舞。

3. 某校会计专业和商贸专业招聘新教师，招聘结束后受到一些人的质疑，因为学校在 12 名本科阶段就读于非重点大学的应聘者中录用了 6 名，但在 12 名本科阶段就读于重点大学的应聘者中录用了 7 名。质疑者认为，学校过于看重毕业生的原始学历。

学校对此解释说，本科阶段就读于非重点大学应聘者的录用率都高于就读于重点大学应聘者的录用率。具体情况如下：会计专业在 8 名非重点大学毕业应聘者中录用了 3 名，而在 3 名重点大学的应聘者中只录用了 1 名；商贸专业在 4 名非重点大学毕业应聘者中录用了 3 名，在 9 名重点大学的应聘者中录用了 6 名。如下表。

专业	重点大学毕业应聘者			非重点大学毕业应聘者		
	应聘人数	录用人数	录用率	应聘人数	录用人数	录用率
会计专业	3	1	33%	8	3	38%
商贸专业	9	6	67%	4	3	75%

以下最有助于解释质疑者和学校之间分歧的一项是（　　）

A. 整体并不是局部的简单相加。

B. 有些数学规则不能解释社会现象。

C. 人们往往从整体角度考虑问题，不管局部。

D. 各个局部都具有的性质在整体上未必具有。

单元任务二

运用有效的推理形式

一、任务目标

1. 了解推理的概念：从一个或若干个前提推出结论的过程。
2. 了解推理正确的保障：前提为真，推理形式有效。
3. 了解并掌握常见的推理形式。
4. 辨别推理的正误并能分析其原因：有效的推理形式可以保证前提为真则结论一定为真，有些则不能保证；能分析并掌握推理规则。

二、必备知识

推理及其类型

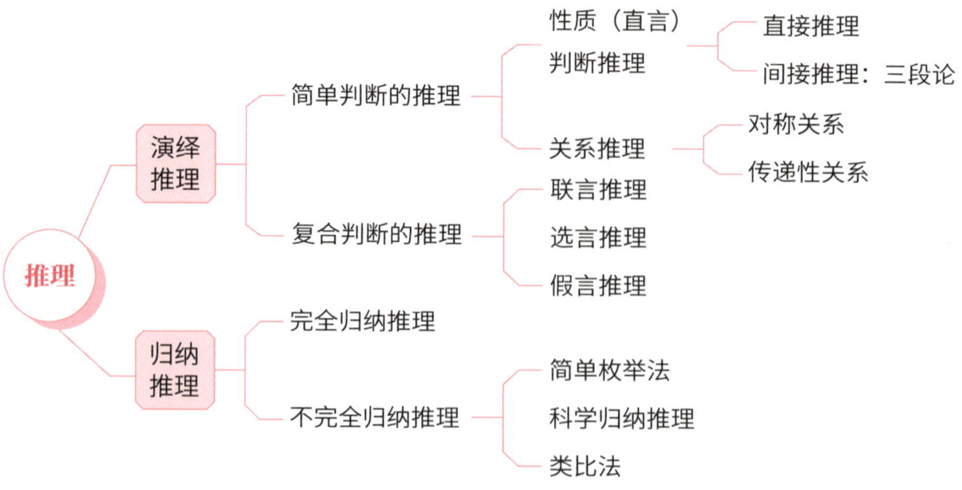

1. 推理

推理是从一个或几个已知判断出发，推出新判断的思维形式。作为推理出发点的判断，称为前提；由前提所推出的判断，称为结论。

任何推理都是由前提和结论这两个部分按照一定的推理形式而组成的。

进行推理必须遵循各种推理形式所固有的逻辑规律或规则。只有符合这些推理的逻辑规律或规则要求的推理，才是符合逻辑的推理，才能由真前提推出真结论；否则就是不合逻辑的，就不能保证由真前提推出真结论，即使看上去结论正确，也会出现推理过程不正确的现象。

2. 推理的类型

根据前提与结论之间的联系特征，我们把推理分成两大类：一类是演绎推理，另一类是归纳推理。具体分类见下表：

项目	演绎推理	归纳推理
定义	前提与结论之间有必然性联系的推理	前提与结论之间有或然性联系的推理
特点	演绎推理是由一般性知识的前提推出某种特殊性知识的结论的推理。只要其前提是真的，推理合乎逻辑规则，那么结论必然真实	归纳推理的前提是一些关于个别事物或现象的判断，而结论却是关于该类事物或现象的普遍性判断。归纳推理的结论超出了前提所局限的范围

（续表）

项目	演绎推理	归纳推理
分类	一、简单判断的推理 （一）性质（直言）判断推理 1. 直接推理 ①换质法：如“一切侵略战争都是非正义的”换质为“一切侵略战争都不是正义的” ②换位法：如“有的学生是共青团员”换位成“有的共青团员是学生” 2. 间接推理：三段论 （二）关系推理 1. 对称关系推理 2. 传递性关系推理 二、复合判断的推理 （一）联言推理 （二）选言推理 （三）假言推理	一、完全归纳推理 二、不完全归纳推理 （一）简单枚举法 （二）科学归纳推理 （三）类比法

演绎推理是由一般到特殊的推理。演绎推理的前提蕴含着结论，因而是必然性推理。

演绎推理分为简单判断的推理和复合判断的推理两种。

简单判断的推理包括性质判断推理（也叫“直言判断推理”），即直接推理和三段论；还包括关系判断推理，即对称关系推理和传递性关系推理。

复合判断的推理主要包括联言推理、选言推理、假言推理。

演绎推理 1　简单判断推理——三段论

1. 三段论的构成：大前提、小前提、大项、小项

性质判断推理中的间接推理称为三段论，它是由含有一个共同项的两个性质判断作前提……出一个新的性质判断作为结论的推理。

……式，它由三个性质判断组成，其中两个性质判断是……论。就主项和谓项说，它包含三个不同的概念，……次。如：

……的意志为转移的，　　a

　　b

……意志为转移的。　　c

用……

三段论所包……小项（S）、大项（P）与中项（M）。

小项是作为结论的……逻辑学的规律"（S）。

大项是作为结论的谓……以人们的意志为转移的"（P）。

中项是在两个前提中部出……规律"（M）。

在三段论的两个前提中，包……，包含小项的那个前提叫作小前提。在上面举例……大前提（一切 M 都是 P），b 是小前提（一切 S 都是 M）。

2. 三段论的 4 格 19 式

正确的三段论一共有 4 格 19 式。

格	三段论形式	正确的式
第一格	M—P S—M S—P	可以得出 AEIO 的结论： AAA、AII、EAE、EIO、（AAI）、（EAO）。 特点：把普遍的原理应用于特殊的场合。
第二格	P—M S—M S—P	只能得出否定（EO）的结论： AEE、AOO、EAE、EIO、（AEO）、（EAO）。 在认识方面的作用是确立事物之间的区别。
第三格	M—P M—S S—P	只能得出特称（OI）的结论： AAI、AII、EAO、EIO、IAI、OAO。 在中项是单独概念时，应用第三格最为自然。在认识方面的作用是，用一部分事物的例外情形来否定一条普遍论断。
第四格	P—M M—S S—P	正确的式有五个： AAI、AEE、EAO、EIO、IAI、（AEO）。 在前提中作为谓项的小项，在结论中却成为主项； 在前提中作为主项的大项，在结论却成为谓项。

*表中 5 个带括号的为弱式，即本来可以得出全称结论，却只得出了特称结论的式。如第一格中 AAA 为正确式，AAI 蕴含于 AAA 中，因此说 AAI 是弱式，可以不将其看作独立的有效式。

3. 三段论的 8 条规则

规则 1：三段论只能有三个性质判断，大前提和小前提里只能包含三个不同的概念。

违反这条规则，就要犯“四概念”的错误。如：

青春是不朽的，

小姜是正值青春的，

所以，小姜是不朽的。

这个三段论的中项是“青春”。但是，“青春”一词在大前提与小前提中分别表达了两个不同的概念。大前提中的“青春”，意思是“美好的时光，珍贵的年华”；小前提中的“青春”，指具体的年龄、年岁。这个三段论犯了“四概念”的错误，违反了三段论的规则。

规则 2：中项至少要在一个前提中周延。

如果中项在两个前提中都不周延，即两个前提都没有断定中项的全部外延，那么，就可能大项的外延与中项的外延的某一个部分发生关系，而小项的外延却与中项的外延的另一部分发生关系。由于大项与小项没有同中项的外延的同一个部分发生关系，大项与小项之间的关系就不能确定。这样，就不能必然地推出结论。如：

科学家是有广博知识的，

作家是有广博知识的，

所以，作家是科学家。

这个三段论的中项是“有广博知识的”。但是，科学家的“广博知识”和作家的“广博知识”是两个不同的概念，所以不能得出“作家是科学家”这一结论。

规则 3：在前提中不周延的概念，在结论中不得周延。

一个概念，例如 S，在前提中我们没有断定 S 的全部外延，只断定了 S

的部分外延，那么在结论中 S 也不能周延。也就是说，由对 S 的部分外延的断定，推不出对 S 的全部外延的断定。如：

洗衣机是没有制冷功能的，

洗衣机是家用电器，

所以，凡家用电器都是没有制冷功能的。

在这个三段论中，小前提是一个肯定判断，因而小项“家用电器”在小前提中是不周延的。但是，小项在结论中却是周延的，这就是一个错误的三段论。这种错误叫作小项不当周延。

规则 4：从两个否定前提不能得出结论。

下面是两个否定前提：

书桌不是卧具，

沙发不是书桌。

从这两个否定前提，我们既不能必然地得出“沙发不是卧具”这个结论，也不能必然地得出“沙发是卧具”这个结论。注意：这里不是在讨论现实生活中的沙发能不能当卧具，形式逻辑讨论的是根据这两个前提，能不能推出“沙发是卧具”或“沙发不是卧具”这样的结论。

规则 5：如果前提中有一个否定判断，那么结论必为否定判断；如果结论为否定判断，那么前提中必有一个否定判断。

以下是第二格的 AEE 式：

孔子的门徒崇尚“仁”的思想，

法家不崇尚“仁”的思想，

所以，法家不是孔子的门徒。

规则 6：从两个特称前提不能得出结论。

下面的推理很特殊，看上去结论所说的事实是真的，但根据前提推不出来，所以从逻辑形式上看，这个三段论是错误的。

有的学生是运动员，

有的学生是共青团员，

所以，有的共青团员是运动员。

根据前面两个前提，不能推出“有的共青团员是运动员”这个结论。

规则 7：如果前提中有一个是特称判断，那么，结论必为特称判断。

请看下面这个推理：

反式脂肪酸是增加患心血管疾病风险的食品成分，

有些蛋糕是含有反式脂肪酸的，

所以，有些蛋糕是会增加患心血管疾病风险的食品。

小前提是特称判断，结论也是特称判断，推理没有问题。

规则 8：如果大前提是特称判断，小前提是否定判断，那么就不能得出结论。

请看下面这两个前提：

有的学生是运动员，

工人不是学生。

根据以上两个前提，无法得出“工人是运动员”或“工人不是运动员”的结论。所以，推理无法完成。

演绎推理 2　简单判断推理——关系推理

1. 关系推理的分类

关系推理是根据关系的逻辑性质而进行的推理。关系推理的前提和结论，都由关系判断所组成。关系推理可分为直接关系推理和间接关系推理两种。

直接关系推理，是由一个关系判断推出另一个关系判断的推理。直接关系推理包括对称关系推理、反对称关系推理、非对称关系推理。

间接关系推理，是由两个关系判断推出另一个关系判断的推理。间接关系推理包括传递性关系推理、反传递性关系推理、非传递性关系推理。

2. 对称关系推理

（1）对称关系推理的形式。

a与b具有某种关系，则推出b与a也具有某种关系，如恋爱关系、同学关系、同事关系。

（2）哪些关系属于对称关系？

全同关系、交叉关系、全异关系、反对关系、矛盾关系与下反对关系，都是对称关系。对称关系可以直接推理，如：

a与b全同，则b与a全同。

a与b交叉，则b与a交叉。

a与b全异，则b与a全异。

a与b反对，则b与a反对。

a与b矛盾，则b与a矛盾。

a与b是下反对关系，则b与a也是下反对关系。

3. 反对称关系推理

（1）反对称关系推理的形式。

a与b具有某种关系，则推出b与a不具有某种关系。

（2）哪些关系属于反对称关系？

“大于”“打败”等是反对称关系，包容（属种）关系也是反对称关系。如：

a大于b，则b不可能大于a。

a打败b，则b不可能打败a。

a包含b，则b不可能包含a。

4. 非对称关系推理

（1）非对称关系推理的形式。

a 与 b 具有某种关系，则推出 b 与 a 可能具有这种关系，也可能不具有这种关系。

（2）哪些关系属于非对称关系？

“批评”“认识”等是非对称关系。如：

吴小如认识小李，小李可能认识吴小如，也可能不认识吴小如。

吴小如批评了小李，小李可能也批评了吴小如，也可能没有批评吴小如。

5. 传递性关系推理

（1）传递性关系推理的形式。

a 与 b 具有某种关系，b 与 c 具有某种关系，则推出 a 与 c 也具有这种关系。

（2）哪些关系属于传递性关系？

“大于”“相等”等是传递性关系，包容关系也是传递性关系。如：

a 大于 b，b 大于 c，则 a 大于 c。

a 等于 b，b 等于 c，则 a 等于 c。

a 包含 b，b 包含 c，则 a 包含 c。

6. 反传递性关系推理

（1）反传递性关系推理的形式。

a 与 b 具有某种关系，b 与 c 具有某种关系，则推出 a 与 c 不具有这种关系。

（2）哪些关系属于反传递性关系？

“父子”“恋人”等是反传递性关系，矛盾关系是反传递性关系。如：

李渊是李世民的父亲，李世民是李治的父亲，则李渊肯定不是李治的父亲。

a 与 b 是恋人关系，b 与 c 是恋人关系，则 a 与 c 肯定不具有恋人关系。

a 与 b 是矛盾关系，b 与 c 是矛盾关系，则 a 与 c 肯定不具有矛盾关系。

提示 不要将这里的“矛盾”理解为两个人之间有矛盾，此处“矛盾”是指概念之间的矛盾关系。如下图所示，a 和 b 之间是矛盾关系，b 和 c 之间也是矛盾关系。

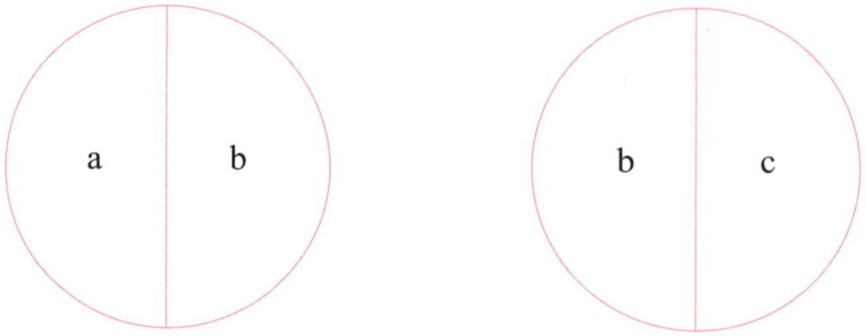

7. 非传递性关系推理

（1）非传递性关系推理的形式。

a 与 b 具有某种关系，b 与 c 具有某种关系，则推出 a 与 c 可能具有这种关系，也可能不具有这种关系。

（2）哪些关系属于非传递性关系？

“认识”“朋友”等是非传递性关系，交叉关系也是非传递性关系。如：

a 认识 b，b 认识 c，则 a 可能认识 c，也可能不认识 c。

a 是 b 的朋友，b 是 c 的朋友，则 a 可能是 c 的朋友，也可能不是 c 的朋友。

a 与 b 是交叉关系，b 与 c 是交叉关系，则 a 与 c 可能是交叉关系，也可能不是交叉关系。

如下图所示，左边显示的 a 与 c 交叉，右边显示 a 与 c 不是交叉关系，而是全异关系。

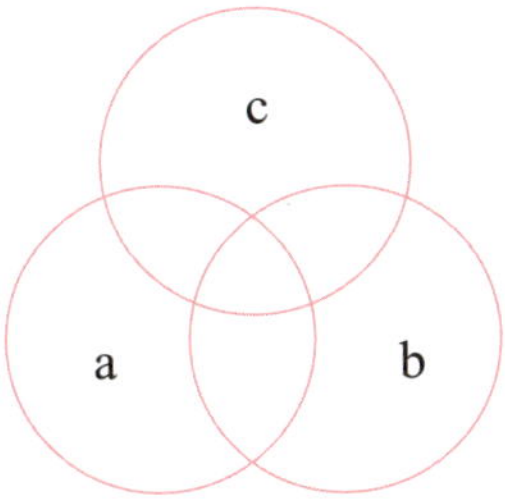

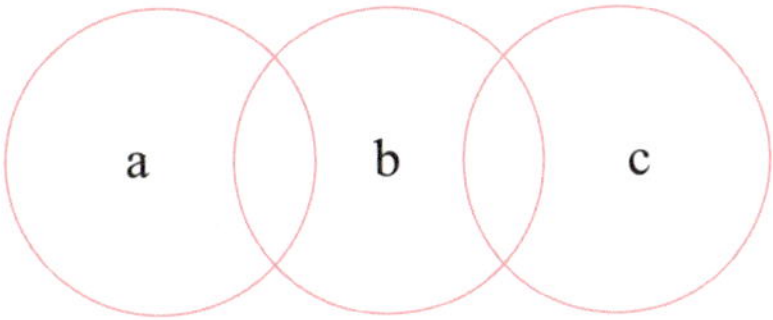

提示 如何辨别非传递性关系和反传递性关系？举例来说：朋友关系不具有排他性，不是矛盾关系，所以属于非传递性关系（可传递、可不传递）；恋人关系具有排他性，本质上是矛盾关系，属于反传递性关系（不可能传递）。

演绎推理 3　复合判断推理——联言推理、选言推理、假言推理

1. 联言推理的形式及规则

联言推理，指前提或结论为联言判断（其语言形式就是并列关系复句），并根据联言判断的逻辑性质而进行推演的推理。联言推理的正确形式如下。

（1）联言推理的合成式。

公式：

p，q，

所以，p 并且 q。

如：

学习是要有学科基础的，学习是要有学习能力的，

所以，学习是要有学科基础和学习能力的。

（2）联言推理的分解式。

公式：

p 并且 q、r，

所以，p（或 q、r）。

如：

参加全国硕士研究生招生考试的人员，必须品德良好、遵纪守法，身体健康，具有国家承认的相关学历，所以，参加全国硕士研究生考试的人员，必须品德良好、遵纪守法（或身体健康，或具有国家承认的相关学历）。

2. 选言推理的形式及规则

选言推理，指前提中有一个选言判断（语言形式是选择关系复句），并根据选言判断各个选言支之间的关系而进行推演的推理。

选言推理分为两种主要形式。

（1）相容的选言推理。

相容的选言推理，指前提中的选言判断是一个相容的选言判断（语言形式是没有取舍的选择关系复句）的选言推理。由于在这种选言推理中，其选言判断的选言支之间是相容的，因而不能通过肯定其中一支，就在结论中否定其他支。所以它只有一种形式，用公式可以这样表示：

p 或 q，

非 p，

所以，q。

相容选言推理要遵守两条规则。

①否定一部分选言支，就要肯定另一部分选言支。如：

出版物上的错误是由作者能力水平有限，或是作者态度不严谨造成的，

这份出版物上的错误不是由作者能力水平有限造成的，

所以，这份出版物上的错误是由作者态度不严谨造成的。

②肯定一部分选言支，不能否定另一部分选言支。如：

出版物上的错误是由作者能力水平有限，或是作者态度不严谨造成的，

这份出版物上的错误是由作者能力水平有限造成的。

根据上面的前提，无法推出“这份出版物上的错误不是由作者态度不严谨造成的”，因为能力、态度可能同时存在问题。

如果违反这两条规则，该选言推理就是不合逻辑的。

（2）不相容的选言推理。

不相容的选言推理，指前提中的选言判断是一个不相容选言判断（语言形式是有取舍的选择关系复句）的选言推理。它有两种形式，要遵守两条规则。

①肯定否定式，即前提中肯定选言判断的一个选言支，结论中否定其他选言支。这种形式可用公式表示如下：

要么 p，要么 q，

p，

所以，非 q。

如：

小明初中毕业后的升学去向，要么上普通高中，要么上中等职业学校，

小明初中毕业后，上普通高中，

所以，小明没去上中等职业学校。

②否定肯定式，即前提中否定了选言判断的其余选言支（要肯定的那个选言支除外），结论中则肯定了没有被否定的那个选言支。这种形式可用公式表示如下：

要么 p，要么 q，

非 p，

所以，q。

如：

小明初中毕业后的升学去向，要么上普通高中，要么上中等职业学校，

小明初中毕业后，没有上普通高中，

所以，小明去上中等职业学校了。

以上两种不同的假言判断（相容和不相容），其前件、后件联系的性质是不同的，不能将二者混同，否则会犯逻辑错误。

3. 假言推理的形式及规则

假言推理，指具有两个前提的推理，其中一个前提是假言判断，另一个前提是这个假言判断的前件或者是这个假言判断的后件。假言判断反映了事物情况之间的条件关系。应用假言推理使我们能由某个事物情况是否存在，推出另一事物情况是否存在。

假言推理主要有两种：充分条件假言推理、必要条件假言推理。

（1）充分条件假言推理。

充分条件假言推理，指的是假言前提是一个充分条件假言判断的假言推理。

语言形式一般为“只要……就……”“如果……就……”。p 叫作前件，q 叫作后件。句式：只要 p，就 q；如果 p，就 q。推理规则如下：

①肯定前件，就可以肯定后件。如：只要天下雨，地上就会湿；现在天下雨，所以地上湿了。——正确。

②否定前件，不能否定后件。如：只要天下雨，地上就会湿；现在天没下雨，所以地没湿。——错误，天上没下雨，地上不一定不湿，可能有其他原因让地面变湿。

③肯定后件，不能肯定前件。如：只要天下雨，地上就会湿；现在地上湿了，所以天上下雨了。——错误，地上湿了，不一定是天上下雨造成的。

④否定后件，可以否定前件。如：只要天下雨，地上就会湿；现在地上没湿，所以天没下雨。——正确。

（2）必要条件假言推理。

必要条件假言推理，指的是假言前提是一个必要条件假言判断的假言推理。

语言形式一般为“只有……才……”。p 叫作前件，q 叫作后件。句式：只有 p 存在，q 才存在。推理规则如下：

①肯定前件，不能肯定后件。如：只有勤奋学习，才能提高成绩；现在

他勤奋学习了，所以提高了成绩。——错误，勤奋学习不一定能提高成绩，还要考虑学习方法等因素。

②否定前件，可以否定后件。如：只有勤奋学习，才能提高成绩；现在他不勤奋学习，所以不能提高成绩。——正确。

③肯定后件，可以肯定前件。如：只有勤奋学习，才能提高成绩；现在他取得了好成绩，所以他勤奋学习了。——正确。

④否定后件，不能否定前件。如：只有勤奋学习，才能提高成绩；现在他没取得好成绩，所以他没有勤奋学习。——错误，即使勤奋也不一定就能提高成绩，也许有其他因素影响了成绩提高。

归纳推理

归纳推理是一种从个别推到一般的推理。归纳推理按其是否涉及一类对象的全部而论，可分为两类：完全归纳推理和不完全归纳推理。其中完全归纳推理是必然性推理，而不完全归纳推理则是或然性推理。鉴于不完全归纳推理的根据有所不同，可再将其分为简单枚举法、科学归纳推理和类比法三种。

1. 完全归纳推理

完全归纳推理，是由某类事物每一个对象都具有某种属性，推出该类全部事物都具有该属性。完全归纳推理结构式如下：

S_1 是 P，

S_2 是 P，

……

S_n 是 P，

（S 类中只有 S_1，S_2，……S_n 这些对象）

所以，所有 S 都是 P。

完全归纳法的推理是可靠的，因为它穷尽了所有的子类；但是它不能应用于一个具有无穷对象的类，因为无穷的对象是不能完全枚举出来的。

2. 简单枚举法

简单枚举法，是由某类中已观察到的事物都有某属性，推出某类事物都有某属性。比如，我们观察到某类中许多事物都有某属性，而又没有观察到相反的事例，我们就做出结论：某类事物都有某属性。

简单枚举法结构式如下：

S_1 是 P，

S_2 是 P，

……

S_n 是 P，

所以，所有 S 都是 P。

简单枚举法是一种可靠性不大的归纳推理，在大多数的精密科学中，已经很少用简单枚举法来建立普遍性的结论。但是，作为一个初步的探索方法，即作为提供假说的方法，简单枚举法在科学研究中仍有着重要的作用。

3. 科学归纳推理

科学归纳推理，是以科学分析为依据，由某类中部分对象与属性之间所具有的因果联系，推出该类的全部对象都具有某类属性的归纳推理。科学归纳推理结构式如下：

S_1 是（不是）P，

S_2 是（不是）P，

S_3 是（不是）P，

……

S_n 是（不是）P，

（S_1，S_2，S_3，……，S_n 是 S 类的部分对象，并且与 P 有必然联系）

所以，所有 S 是（不是）P。

科学归纳推理与简单枚举法，都是不完全归纳推理。简单枚举法的根据是，一类对象中部分对象与某属性联系情况的重复出现，并没有遇到相反情况，所以简单枚举的前提数目越多，结论可靠性越大。科学归纳推理的根据是，一类对象中部分对象与属性之间的必然联系，与前提数目多少关系不大。科学归纳推理所得出的结论的可靠程度，较简单枚举法要高。

4. 类比法

我们观察到两个或两类事物在许多属性上都相同，便推出它们在其他属性上也相同，这就是类比法。

用 A 与 B 分别代表两个或两类不同的事物，用 a_1，a_2，……a_n 和 b 分别代表几个不同的属性。类比法可用下面的结构式表示：

A 与 B 有属性 a_1，a_2，……，a_n，

A 有属性 b，

所以，B 也有属性 b。

类比法的可靠程度取决于两个或两类事物的相同属性（如 a_1，a_2，……，a_n）与推出的那个属性（如 b）之间的相关程度。相同的属性与推出的属性之间的相关程度越高，那么类比法的可靠性就越大；反之则越小。

三、案例与故事：如何运用推理形式

演绎推理

1. 三段论的规则 4：到底是不是鱼？

一所中学门口有一条河。学校承包了这条河的部分河段养鱼。有附近的农民来偷鱼，被守护的校工发现，一群青年教师跑过来，与村民发生了下面的争吵。

村民：你们承包的河是用来养鱼的，我没有捕鱼。

教师：你袋子里是什么？

村民：反正不是鱼。

教师：是在我们承包的河段里捕捞的，对吧？

村民：你们都是老师，比我有学问，不过我也知道一些常识，我问你们，这条河里肯定不会有鲸鱼，对吧？凡是鲸鱼都不是鱼，我捉到的这只水生动物不是鲸鱼，所以，它就不是鱼。

教师：不，正因为鲸鱼不是鱼，这只水生动物又不是鲸鱼，所以，这只水生动物才是鱼呢。

其实，村民捕捞的是河里的鳖，真的不是鱼。但是村民和教师的争论，到底谁是谁非呢？

现在，我们将争论双方的意见提取出来。

村民一方：

凡是鲸鱼都不是鱼，

这只水生动物不是鲸鱼，

所以，这只水生动物不是鱼。

教师一方：

鲸鱼不是鱼，

这只水生动物不是鲸鱼，

所以，这只水生动物就是鱼。

他们的推理公式：

M 不是 P，

S 不是 M，

所以，S 是（不是）P。

从争论情况看，我们无法断定村民捕捞的水生动物究竟是不是鱼，但教师和村民的推理都是不正确的。他们的推理都违反了三段论的一条重要规则，即“三段论的 8 条规则”中的规则 4“从两个否定前提不能得出结论”。

大项、小项在前提中都是分别同中项互相排斥的，这样，大项与小项就不能通过中项的媒介而形成确定的联系，因而无法得出确定的必然结论。也就是说，如果 M 不是 P，S 不是 M，那么 S 与 P 的关系有四种可能性——全异、交叉、包含、全同。S 和 P 的关系包括了概念间的所有关系，即无法判断它们之间的关系。具体如下图所示：

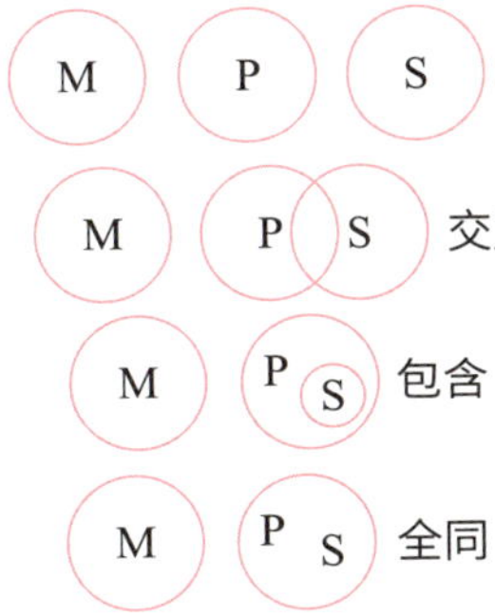

2. 省略小前提的三段论：还是走上了华容道

诸葛亮借得东风之后，急忙由东吴回到夏口。他料定当晚曹操必被周瑜用火击败，于是布置兵力，准备阻截明天必向这边逃窜的曹操。

诸葛亮认定曹操兵败后必走华容道，想派关羽去华容道阻杀，又怕关羽念旧日之情放走曹操，于是用激将法让关羽立下军令状，不放走曹操。关羽临行时，诸葛亮说："你在华容道上找个高地方，堆起柴草，放起烟火，可引曹操来。"关羽说："曹操望见烟火，知道有埋伏，怎么肯来？"

诸葛亮说："曹操是熟读兵书的人，你不记得兵书上有'虚则实之，实则虚之'的说法吗？他看到有烟，必然断定这里虚张声势，则必走这条路。"诸葛亮保证曹操必走华容道，于是关羽带兵去了。

曹操兵败后，率残兵败将来到华容道口。军士报告说："前边有两条路，请问丞相走哪条路？"曹操问："哪条路近？"军士回答："大路稍平，却远五十里（1 里 =500 米），小路投华容道，却近五十余里。只是小路地窄路险，坑坎难行。"曹操命手下上山观望。手下回报："小路上有数处烟起，大路并无动静。”曹操便叫军马走华容道小路。将领们问：“有烟就有兵，为什么走这条路呢？”曹操说：“兵书上说‘虚则实之，实则虚之’，诸葛亮多谋，所以派人在此放烟，使我军不敢走此路，他却把兵马埋伏在大路旁等着我，我偏不中他的计。”结果曹操走了华容道，碰到了关羽。

诸葛亮运用的推理省略了小前提，我们将这些省略成分补充完整后，推理形式如下——

第一层推理：

熟读兵书的人懂得“虚则实之，实则虚之”；（M 是 P）

曹操是熟读兵书的人；（S 是 M）

所以，曹操懂得“虚则实之，实则虚之”。（S 是 P）

第二层推理：

懂得“虚则实之，实则虚之”的人，认为这条路是虚张声势；（M 是 P）

曹操懂得“虚则实之，实则虚之”；（S 是 M）

所以，曹操认为这条路是虚张声势。（S 是 P）

第三层推理：

认为这条路是虚张声势的人，必然要走这条路；（M 是 P）

曹操认为这条路是虚张声势；（S 是 M）

所以，曹操必然走这条路。（S 是 P）

以上三个三段论都是第一格 AAA 式。

3. 关系推理：那个忘了关灯的人是谁？

邓、唐、瞿、熊四个同学同住一间宿舍。大家商量好了，每晚最迟回宿舍的同学，应当关掉走廊里的灯。有天晚上，他们中间最迟返回宿舍的同学，忘记了关灯。第二天，宿舍管理员来查询：谁最迟返回宿舍？

邓说：“我回来的时候，瞿还没有睡。”

唐说：“我回来的时候，见熊已经睡了，我也就睡了。”

瞿说："我进门的时候，唐正好上床睡觉。"

熊说："我上床就睡着了，什么也不知道。"

宿舍管理员相信这四位同学讲的都是事实。于是，他迅速判断出他们之中谁是最迟返回宿舍的。

那么，最迟返回宿舍的是谁呢？宿舍管理员是怎样进行推理的？

答案：邓最迟返回宿舍。

关系推理中的"关系"主要有两种：对称性关系（包括反对称关系和非对称关系）和传递性关系（包括反传递关系和非传递关系）。我们将四个同学的叙述用关系判断来表示：

邓——迟于瞿；

唐——迟于熊；

瞿——迟于唐；

熊——没有做出关系判断。

由前三个关系判断可知：邓迟于瞿，邓迟于唐（按传递性关系推理，既然邓迟于瞿，而瞿又迟于唐，则邓迟于唐），邓迟于熊（按传递性关系推理，既然邓迟于唐，而唐又迟于熊，则邓迟于熊），邓既然分别迟于其他三人回到宿舍，那他就是最迟返回宿舍的人。所以是邓忘了关灯。

4. 必要条件假言推理的否定前件式：农历九月初六晚上十一点无月光

甲被控谋财害命，乙以被告辩护律师的身份向法院查阅了全部案卷。这个案子的关键在于，原告方面的证人丙说农历九月初六晚上十一点，在月光下清楚地目击甲杀害了死者。下面是律师乙与证人丙的对话。

乙："你确认你认清了那天晚上在现场出现的是甲？"

丙："是的。"

乙："你在小巷里，甲在巷子尽头的树下，两处相距几十米，能认清吗？"

丙："我认识甲，看得很清楚，是他，那天晚上的月光很亮。"

乙："你肯定不是从衣着方面认的吗？"

丙："我肯定认清了他的脸，因为月光正照在他的脸上。"

乙："你能肯定时间是在晚上十一点吗？"

丙："是的。那天我晚上十一点离开朋友的聚会，赶到家不会超过十一点半。"

乙问到这里，转过身，说："我不得不告诉大家，这个证人是个彻头彻尾的骗子。"

这个故事包含了必要条件假言推理的否定前件的推理形式。

我们来提炼这段对话的要点：

只有在月光的照射下，才能看清被告的脸，（只有 p，才 q）

农历九月初六晚上十一点钟月亮早已下山，没有月光，（非 p）

因而，丙不可能看清被告的脸（说明丙在说谎）。（非 q）

必要条件的假言推理规则：否定前件可以否定后件（见"假言推理的形式及规则"相关知识）。

5. 充分条件假言推理的否定后件式：你手里拿的是樱桃还是葡萄？

语文、数学、英语三门学科的老师小聚。教语文的张老师说："古人宴会上有投壶、射覆的游戏，咱们也来一个雅致一点的逻辑游戏。"教数学的王老师说："好呀。"

张老师开始介绍游戏规则："我从桌上取两颗葡萄、一颗樱桃。现在，我分给你们一人一颗，我自己留下一颗。请你们根据自己手上的水果，来推断对方手里拿的是什么水果。"

当王老师和教英语的李老师拿到水果时，起先都呆了一下，好像推断不出来。这时，李老师喊了起来："我猜着了。"请问：李老师推断王老师手里拿的是什么水果？她是怎样推断的？

答案：李老师推断王老师手里拿的是葡萄，她是运用充分条件假言推理的否定后件式而得出结论的。

推断过程：如果王老师拿到的是樱桃，根据题目（樱桃只有一颗），王老师应当立即能判定李老师手里拿的是葡萄；但是王老师“呆了一下”，意味着王老师手里拿的是葡萄，所以他无法判断李老师手里拿的是葡萄还是樱桃。

把李老师的推理过程完整地写出来，可分为两步。

第一步，运用充分条件假言判断的“否定后件式”推理（见“假言推理的形式及规则”相关知识）：

如果对方手里拿的是樱桃，（如果 p）

那么对方应当立即能够判定我手里拿的是葡萄，（则 q）

对方不能立即判定我手里拿的是葡萄，（非 q）

可见，对方手里拿的不是樱桃。（所以，非 p）

第二步，运用不相容选言推理的否定肯定式（见“选言推理的形式及规则”相关知识）：

王老师手里拿的或是樱桃，或是葡萄，（要么 p，要么 q）

王老师手里拿的不是樱桃，（非 p）

所以，王老师手里拿的是葡萄。（所以，q）

下面再看一则例子：猜一猜手机是什么品牌？

林子轩、张钰琪、冯瀚秋三名同学一起去买手机，他们选购了“苹果”“华为”和“小米”。

他们在路上遇到了吴小如，大家同吴小如聊起来。当说到他们各自都新买了手机时，吴小如就问：“你们各自买的是什么牌子？”张钰琪说：“请你猜猜看。”

吴小如边猜边说：“林子轩买的是‘苹果’，冯瀚秋买的肯定不是‘小米’，张钰琪买的自然不会是‘苹果’。”吴小如只猜对了一个。

现在请你判断一下：三名同学各自买的是什么手机？

吴小如所猜的三句话中，只有一句话为真。据此，我们可以先假定某一句话为真，并以它为前件，以另两句话为假作为后件，形成一个充分条件的假言判断。然后，再进行推理。当假定某句话为真时，判断另两句话是否果然为假；如果另两句话不能为假（即当其为假时，与给定条件相矛盾），那么，按照充分条件假言推理的规则，否定后件必否定前件，说明该假定不能成立，即这句话不可能为真。我们据此来进行如下推论：

（1）假定“林子轩买的是‘苹果’”这句话为真，根据“只猜对了一个”的前提条件，则另两个都是假的。那么，冯瀚秋买的应该是“小米”（原句“冯瀚秋买的肯定不是‘小米’”为假），张钰琪买的应该是“苹果”（原句“张钰琪买的自然不会是‘苹果’”为假）。但是，原题说三人各买一种品牌，现在有林、张两人同时买“苹果”，所以，此假定不能成立。

（2）假定“张钰琪买的自然不会是‘苹果’”这句话为真，根据“只猜对了一个”的前提条件，则另两个都是假的。那么，冯瀚秋买的应该是“小米”（原命题“冯瀚秋买的肯定不是‘小米’”为假），林子轩买的应该不是“苹果”（原命题“林子轩买的是‘苹果’”为假）。在三个人分别买三种牌子的情况下，已确认冯瀚秋买的是“小米”，则林子轩、张钰琪必有一人买的是“苹果”。但按照现在的推论，林、张二人都没有买“苹果”，所以，此假定也不能成立。

（3）既然上面两个假定都不能成立，可见“冯瀚秋买的肯定不是‘小米’”这句话为真，其他两句为假。那么，张钰琪买的就是“苹果”（原命题“张钰琪买的自然不会是‘苹果’”为假），而林子轩买的不是“苹果”（原命题“林子轩买的是‘苹果’”为假）。此假定不带来矛盾，可以成立。根据三人分别买了三个品牌可知：张钰琪买的是“苹果”；冯瀚秋没有买“苹果”也没有买“小米”，只能是“华为”；那林子轩买的就是“小米”。

6. 不相容选言推理的否定肯定式：李白生于何处？

郭沫若考证李白的出生地，考证过程如下：

唐代诗人李白，武则天长安元年（701）出生于中亚细亚的碎叶城。

出处见范传正《唐左拾遗翰林学士李公新墓碑并序》（唐代宗初年曾任命李白为左拾遗，于时李白已死）。新墓作于唐宪宗元和十二年（817），在李白死后五十五年。其文有云：

“公名白，字太白，其先陇西成纪人。绝嗣之家，难求谱牒。公之孙女搜于箱箧中，得公之亡子伯禽手疏十数行，纸坏字缺，不能详备，约而计之，凉武昭王九代孙也。隋末多难，一房被窜于碎叶。流离散落，隐易姓名。”

考碎叶在唐代有两处：其一即中亚碎叶，又其一为焉耆碎叶。焉耆碎叶，其城为王方翼所筑，筑于高宗调露元年（679）。《碑文》既标明“隋末”，可见李白的生地是中亚碎叶，而非焉耆碎叶。

（选自郭沫若《李白与杜甫》，有删改）

请问：郭沫若是怎样考证出李白的出生地是中亚碎叶城的？他运用的是什么推理形式？

答案：郭沫若是运用选言推理得出李白的出生地是中亚碎叶这个结论的（见“选言推理的形式及规则”相关知识）。

郭沫若引述的范传正写的碑文上说，李白祖先是陇西成纪人，隋末时才迁往碎叶。但经考证，唐代碎叶有两处：一为中亚碎叶（今吉尔吉斯斯坦首都比什凯克以东，楚河流域的托克马克市附近），一为焉耆碎叶。这就构成了一个不相容的选言推理的选言前提。

从历史材料来看，李白生于焉耆碎叶是不可能的。因为焉耆碎叶筑于唐高宗调露元年（679），隋末时还没有出现，而李白这一族的祖先是隋末流落到碎叶的。所以，李白只能出生于中亚碎叶。

将上述推理形式提炼写出，即：

李白或出生于中亚碎叶，或出生于焉耆碎叶，（要么 p，要么 q）

李白不可能出生于焉耆碎叶，（非 q）

所以，李白出生于中亚碎叶。（所以，p）

这是一个合乎逻辑规则的不相容的选言推理，即否定肯定式推理，前提中否定了选言判断的其余选言支，结论中则肯定了没有被否定的那个选言支。

7. 相容选言推理的否定肯定式：冯谖收债

战国四公子之一的孟尝君有个食客叫冯谖。一次，孟尝君请冯谖到薛地去讨债。辞行的时候冯谖问："债收完了，买什么回来？"孟尝君说："您就看我家里缺什么吧。"冯谖赶着车到薛地，派官吏把该还债务的百姓找来核验契据。核验完毕后，他假托孟尝君的命令，把所有的债款赏赐给欠债人，并当场把债券烧掉。冯谖回来后求见孟尝君。孟尝君问他："债都收完了吗？怎么回得这么快？"冯谖说："都收了。""买什么回来了？"孟尝君问。冯谖回答道："您曾说'看我家里缺什么'，我私下考虑您家里积满珍珠宝贝，外面马房多的是骏马，后庭多的是美女，您家里所缺的只不过是'仁义'罢了，所以我用债款为您买了'仁义'。"孟尝君听后不快地说："我知道了，先生退下休息吧。"

这个故事中，冯谖运用了相容选言推理的否定肯定式，做出了废债买义的举动（见"选言推理的形式及规则"相关知识），这个推理的完整形式如下：

收债完毕，给孟尝君家或者买珍宝、骏马、美人，或者买仁义，（p 或 q）

孟尝君家不用买珍宝、骏马、美人，（非 p）

所以，收债完毕给孟尝君家买仁义。（所以，q）

8. 选言 + 假言的复合推理：包里放的什么钥匙？

有三个外形完全相同的包，每个包里放着两把钥匙：一个包里放一把铜钥匙和一把铝钥匙，一个包里放两把铜钥匙，一个包里放两把铝钥匙。每个包外面分别贴着一张标签，标明“铜铝”“铜铜”“铝铝”的字样。但由于疏忽，标签全贴错了，它们与包里装的钥匙都不相符合。

如果我们要从其中一个包里取出一把钥匙，就能推出该包里另一把钥匙的颜色，那么，应从哪个包里去取出这把钥匙呢？我们又如何根据这个包里两把钥匙的颜色，推出另外两个包里各装的什么钥匙呢？

答案：应从贴有“铜铝”标签的包里取出一把钥匙进行判断和推理。因为既然标签与包里装的钥匙都不相符合，所以在贴有“铜铝”标签的包里装的就不是铜钥匙和铝钥匙，而只能是两把铜钥匙或者两把铝钥匙。

第一步，运用选言推理的否定肯定式，即：

p_1，p_2 或 q，

非 q，

所以，p_1，p_2。

从贴有“铜铝”标签的包里取出的第一把钥匙，可能是一把铜钥匙，也可能是一把铝钥匙，在这里我们暂且假设取出了一把铜钥匙。

第二步，运用充分条件的肯定前件式的假言推理，即：

如果 p，那么 q，

p，

所以，q。

根据取出的是一把铜钥匙，可以断定另一把也是铜钥匙。

第三步，运用否定肯定式的选言推理继续推论：

在贴有“铝铝”标签的包里不可能是两把铝钥匙，也不可能是两把铜钥匙（两把铜钥匙装在“铜铝”包里），那就只能装的是一把铜钥匙和一把铝钥匙。

第四步，推出剩下的“铜铜”包里，装的是两把铝钥匙。

归纳推理

1. 简单枚举法：可靠性如何？

有一个患头痛病的樵夫上山砍柴，一次不小心碰破了脚趾，出了一点血，但头却不痛了。后来他头痛病复发，又偶然碰破了同一个脚趾同一个位置，头痛又好了。这引起了樵夫的注意，以后凡是头痛发作时，他就有意地刺破这个脚趾，每次都有减轻或消除头痛的效果。这个樵夫所刺破的地方，就是人们后来用于针灸的大敦穴。

这位樵夫运用了简单枚举法。推理过程如下：

第一次碰破脚趾这个部位，头痛好了，

第二次碰破脚趾这个部位，头痛又好了，

（没有出现相反的情况，即碰破脚趾这个部位而头痛不好的情况）

所以，只要碰破脚趾这个部位，头痛就会好。

简单枚举法的符号表达式：

S_1 具有性质 P，

S_2 具有性质 P，

……

S_n 具有性质 P，

所以，所有 S 具有性质 P。

简单枚举法能够通过对前提中某类事物部分对象的考察，从而做出对该类事物全部对象的一般性结论。但是，其所得出的一般性结论并不是充分必然的，只要有一例相反情况存在，那么所得出的一般性结论就是错的。

再看下面的故事：

学生博士毕业了，要到另一所高校任教，临行前去导师处辞别。古稀之年的导师说：“老师不好当，教书还要育人，还要和同行处好关系，你凡事要三思而后行。”学生答道：“老师放心，我已经准备好一百顶高帽子，碰上人就奉送一顶。谁不喜欢戴高帽呢？这样就不会和我闹别扭了。”老先生说：“对人要正直，好则说好，坏则说坏，岂能碰人就戴高帽？”学生惶恐道：“学生错了，还是老师品格端正，不爱戴高帽。但像老师这样的贤人天下能有几个呢？”老先生严厉地说：“少来这一套，不要以为所有的人都爱戴高帽。你要这样，出去之后不要说是我的学生。”这名学生十分惭愧，表示一定记住老师的话。

这名学生根据听来和看来的经验，得出了“所有人都喜欢戴高帽”的结论，这就运用了简单枚举法；但这个结论却在自己导师面前失效了，说明简单枚举法的结论并不完全可靠。

要提高简单枚举法结论的可靠性，须注意：第一，一类事物中被考察的对象越多，结论的可靠程度就越高；第二，一类事物中被考察的范围越广，结论的可靠程度就越高；第三，尽可能考虑反例，只有最大限度排除反例，结论才可靠。

有一种情况中运用不完全归纳推理不用拘谨，那就是文学作品。诗人在表达某个看法时，不需要十分严密的逻辑推理，但可以用归纳推理形成气势，也就是同学们最习惯运用的例证法。请看李白的《答王十二寒夜独酌有怀》部分章节：

达亦不足贵，穷亦不足悲。

韩信羞将绛灌比，祢衡耻逐屠沽儿。

君不见李北海，英风豪气今何在？

君不见裴尚书，土坟三尺蒿棘居！

少年早欲五湖去，见此弥将钟鼎疏。

李白的朋友王十二写了一首题为《寒夜独酌有怀》的诗赠给他，因而李白写下这首诗回赠。

诗人运用归纳法，表达了“达亦不足贵，穷亦不足悲”的观点。——我们一定要清楚，说这话的诗人在这一时刻一定是“穷”而不是“达”；如果“达”，他就“仰天大笑出门去”了。所以，诗中感人的是情绪的力量，而不是逻辑的力量。尽管如此，我们还是看看李白是怎样运用归纳法的吧。

第一，“韩信羞将绛灌比，祢衡耻逐屠沽儿。”这两句是说汉朝开国元勋韩信位高权重，瞧不起与自己同朝的绛侯周勃和颍阴侯灌婴，而羞与他们同列；东汉末年的祢衡自视甚高，轻视当时的一些文人，并视之为“屠沽儿”（杀猪卖酒出身的人），根本不想与他们周旋。——韩信、祢衡都是了不起的人。

第二，“君不见李北海，英风豪气今何在？”曾任北海太守的李邕名气很大，诗人自己就曾慕名前往拜访过他；但后来他却为李林甫所忌，七十岁遭杖杀，这时，他的英风豪气又到哪去了呢？——李北海也是了不起的人。

第三，“君不见裴尚书，土坟三尺蒿棘居！”与李邕同被杖杀的裴敦复，曾高居尚书要职，后却因为李林甫所忌，先被贬官，后被杖死。——裴尚书更是了不起的人。

韩信看不起周勃之流，但韩信后来却被吕后等人设计杀掉；祢衡瞧不起他人，却被曹操杀掉；李邕、裴敦复都曾名重一时，但皆遭弄权奸臣陷害，含冤而死。——这些了不起的人最后都不得善终，所以“达亦不足贵，穷亦不足悲”。从严密的逻辑角度看，这些例子只能部分证明“达亦不足贵”。但是诗人不管这些，读者也很快被诗人的情绪所感染、被诗人的观点所打动了。

2. 科学归纳推理：候鸟迁徙的真正原因

科学归纳推理得出的结论，要比以经验为主要根据的简单枚举法得出的结论可靠得多。例如，人们把候鸟的迁徙与春秋两季的气候巨变联系起来，应用简单枚举法，得出每年气温转暖候鸟北飞、气候转寒候鸟南归的一般性的结论。

但是，加拿大的洛文教授从 1924 年起花了二十多年时间对候鸟迁徙之谜进行研究，结果表明：实际上，对候鸟迁徙起作用的不是气温的升降，而是昼夜的长短。据竺可桢等著的《物候学》记载：

洛文观察一种候鸟黄脚鹬，这种鸟每年来往于加拿大与南美洲阿根廷之间，长途跋涉一次要飞 16 000 公里（1 公里 =1 千米）。据他 14 年的记录，这种黄脚鹬春天在加拿大首次下蛋总是在 5 月 26—29 日。他考虑到如果温度是主要条件，绝不会如此稳定，而在外界的各种可能因素中只有昼夜的长短每年是确定不变的。基于此，他得出了昼夜的长短是候鸟迁徙的原因的结论……

他在 1924 年的秋天，网罗了若干只候鸟。他把这些候鸟分为两部分：把一部分候鸟放在寻常环境里，这时冬季将临，昼长一天短似一天；而把另一部分置于日光灯下，人为地将昼一天天延长。到了 12 月间，前一部分候鸟很安静，而后一部分候鸟却大有春意，不但歌唱起来，而且内部生殖器腺系统发育到春天模样。这时把它们放出来，凡是经过日光灯照的统统向西北飞去，好似春天的候鸟一样，虽然这时气温是冰点以下；而未经过日光灯照的大都留在原地。

（有删改）

这个实验证明了“昼夜的长短是候鸟迁徙的原因”这一结论的可靠性。

科学归纳推理与简单枚举法也有共同之处，即它们都属于不完全归纳推理，它们的前提只是考察了某类的部分对象，而结论断定了某类的全部对象，因而结论所断定的范围超出了前提所断定的范围。

3. 类比推理

来看下面这个故事：

河南乐羊子之妻者，不知何氏之女也。羊子尝行路，得遗金一饼，还以与妻。妻曰：“妾闻志士不饮‘盗泉’之水，廉者不受嗟来之食，况拾遗求利，以污其行乎！”羊子大惭，乃捐金于野，而远寻师学。一年来归，妻跪问其故，羊子曰：“久行怀思，无它异也。”妻乃引刀趋机而言曰：“此织生自蚕茧，成于机杼。一丝而累，以至于寸，累寸不已，遂成丈匹。今若断斯织也，则捐失成功，稽废时日。夫子积学，当‘日知其所亡’，以就懿德；若中道而归，何异断斯织乎？”羊子感其言，复还终业，遂七年不返。

《乐羊子妻》中的乐羊子远寻师学，久行怀思，一年而归。其妻以“织丝”类比“积学”，以“断其织”来委婉地批评乐羊子弃学“中道而归”。其类比推理的公式如下：

A 与 B 有属性 a_1，a_2，……，a_n，

A 有属性 b，

所以，B 也有属性 b。

乐羊子妻的推理过程如下：

织布（A）：“一丝而累，以至于寸，累寸不已，遂成丈匹”（积累才能成匹 a_1），“今若断斯织也”（外力破坏停止 a_2），“则捐失成功，稽废时日”（不能成功，浪费光阴 b），

积学（B）：“当‘日知其所亡’，以就懿德”（积累成就美德 a_1），“若中道而归”（停止学业 a_2），通过类比推理，可知积学（B）与织布（A）道理一样，半途而废就会“捐失成功，稽废时日”（b）。

《庄子·外物》中有一个“涸辙之鲋”的故事（以下为译文）：

庄周家境贫寒，去找监河的官借粮。监河官说：“好，我将要得到封地的租金，那时我借给你三百金，可以吗？”庄周气得脸都变了颜色，说：“我昨天来的时候，听到有人在道路中间呼唤。我到处看，发现车轮印里有条鱼在那儿。我问它：‘鱼啊！你是什么原因来到这里的呢？’鱼回答说：‘我是东海的臣子，您有一点水来救活我吗？’我说：‘好，我将往南去拜访吴越的君主，引西江的水来接你回东海，怎么样？’鱼气得脸色都变了，说：‘我失去了我常待着的水，没有地方安身。我只要一点水就能活了，你竟然这样说，不如干脆早点到卖干鱼的店里去找我！’”

庄子在这个寓言故事中借用小鱼对自己的“抱怨”，来委婉地批评监河侯，运用的就是类比推理。

涸辙之鲋（A）：身陷车辙，快渴死了（a_1）；呼唤求救（a_2）；“我”答应引西江之水救它（a_3）；最后小鱼变成鱼干（b）。

庄子借贷（B）：家贫借粮，快饿死了（a_1）；向监河侯求助（a_2）；监河侯说，等收了租金借给他（a_3）。

通过类比推理，可知庄子借贷（B）与涸辙之鲋（A）的求助道理一样，不及时得到救助，都会死去（b）。

再来看下面这个故事：

齐大夫郗石父谋反，宣王杀了他，又打算灭掉他的家族。郗氏家族很大很兴盛，族人都哭泣着拜倒在艾子的家里，恳求他向宣王求情。艾子说：“给我一条绳子就可以免死。”郗氏以为他在开玩笑，也不敢问，回去找绳子送给艾子。艾子怀里装着绳子去见宣王，说：“企图谋反的人就一个石父，他的家族有什么罪？”宣王说：“先王立下的法度不敢违背。政典说，与叛贼同宗的人，杀无赦。”艾子叩头说：“臣也知道您不得已。我有一说，往年公子巫把邯郸献给秦国投降，他不是您同母兄弟吗？这样说您也是叛臣家族的人，按理应当随同定罪，希望您今天就自杀，不要爱惜自己的身体而损坏了先王的法度。”说完他献上了绳子。宣王笑着站起身说：“先生算了吧，我赦免他们就是了。”

艾子对齐宣王说的话中包含了如下推理：

与大王同宗族的人（公子巫）犯有叛乱罪，按先王定下的法律，大王该被连坐问罪，但大王你并没有问自己的罪；

郗石父犯有叛乱罪，按先王定下的法律，郗石父的族人该被连坐问罪；

所以，大王你一样可以不问郗石父的族人的罪。

艾子根据两个对象（齐王和郗石父的族人）在一系列属性上相同（都与叛乱者同宗族，按先王所定的法律都该连坐），而且，已知其中一个对象还具有其他属性（齐王具有“并没有被问罪”的属性），由此推出另一对象（郗石父的族人）也应具有同样的其他属性（即不必问罪）的结论。

这种类型的推理也是类比推理。

四、综合练习

基础篇

（一）判定下列推理是否有效

1. 由“凡是宅心仁厚的人都是与人为善的”，推出“凡是不与人为善的人都不是宅心仁厚的人”。（　　）

2. 由“一切打架斗殴行为都是不遵守纪律的”，推出“一切不是打架斗殴的行为都是遵守纪律的”。（　　）

3. 由“在《课堂内外》杂志上发表的文章都是好文章”，推出“好文章都是在《课堂内外》杂志上发表的文章”。（　　）

4. 由“有优柔寡断性格的人都不适合独当一面”，推出“任何不具有优柔寡断性格的人都能独当一面”。（　　）

5. 隔壁班发生一起手机失窃事件，初步确定是班内同学所为。他们的班主任在办公室说：“谢同学过去有过盗窃行为，所以，这起盗窃肯定还是他干的。”（　　）

（二）填空题

1. 下面对话中妈妈和儿子对同一个议题进行了不同的推理。

妈妈：“不完成作业，就不能打游戏。”

儿子：“我完成作业了，我可以去打游戏了！”

妈妈：“不对。我只是说，你如果不完成作业就不能打游戏。”

（1）妈妈的推理是____________。妈妈的意思是①____________，才可能打游戏；②____________，也不一定被准许打游戏。

（2）儿子的推理是________________。儿子的意思是________________，就可以打游戏。

2. 一个热力站有 5 个阀门控制对外送蒸汽。使用这些阀门必须遵守以下操作规则：

①如果开启 1 号阀，那么必须同时打开 2 号阀并且关闭 5 号阀。

②如果开启 2 号阀或者 5 号阀，则要关闭 4 号阀。

③不能同时关闭 3 号阀和 4 号阀。

现在要打开 1 号阀，同时要打开的阀门是________和________。

（三）根据表格显示的正确的三段论的“格”与“式”，判断下面三段论推理的正误，并写出简单的分析过程

1. 碧螺春是绿茶，西湖龙井不是碧螺春，所以，西湖龙井不是绿茶。

2. 所有数学教师都要参加这次计算机培训，数学教师是理科教师，因此，有的理科教师要参加这次计算机培训。

3. 优秀的文学作品都是艺术成就较高的作品，《活着》是艺术成就较高的作品，所以，《活着》是一部优秀的文学作品。

4. 药品是以治疗疾病为目的的物质，以治疗疾病为目的就不是保健品，所以，保健品不是药品。

格	三段论形式	正确的式
第一格	M—P S—M S—P	AAA　AII EAE　EIO
第二格	P—M S—M S—P	AEE　AOO EAE　EIO
第三格	M—P M—S S—P	AAI　AII EAO　EIO IAI　OAO
第四格	P—M M—S S—P	AAI　AEE EAO　EIO IAI

（四）补充下列省略三段论中的省略部分，并分析这个完整的推理形式是否有效

1. 你又不是老师，何必那么用功看书做笔记。

2. 祥林嫂改嫁过两次，她当然是不干净的人。

3. 撰写学术论文要遵守学术规范，课题报告是学术论文。

4. 遭受过台风灾害的沿海城市要做好防台风工作，我市没有遭受过台风灾害。

5. 甲：“他的这篇论文不是不当引用，而是抄袭。”乙：“他没有全文照搬，怎么是抄袭呢？”

（五）选出你认为正确的一项

1. “年轻人不相信有朝一日会老去。这种想法是天真的，我们自欺欺人地认为会有像自然一样不朽的信念。”已知前面的命题符合事实，那么，下面不能支持这个命题的是（　　）

A. 没有人会不老。　　B. 所有的人总有一天会老去。

C. 有的明星青春常驻。　　D. 有的人经不住岁月。

2. 已知“平凡即伟大”不是事实，下面能支持这个命题的一项是（　　）

A. 姚明虽然平凡，但很伟大。　　B. 并非所有平凡的人都伟大。

C. 有些平凡的人是伟大的。　　D. 雷锋很伟大，但是不平凡。

3. 已知“人是被目的驱动的动物”是真命题，下面不能支持该命题的是（　　）

A. 有些人无视目的之外的活动。

B. 辛弃疾为收复失地而征战。

C. 有人完全随性行动，生活毫无目的。

D. 陶渊明为追求自由生活而辞官。

4. 已知“人遇到艰难的抉择时总是模棱两可”是真命题，下面不能支持这个命题的是（　　）

A. 王安石被贬，是愤然离开朝廷，还是取悦上司苟且求安，对他来说是艰难抉择。

B. 下午是去看电影还是去听音乐会，当然好选择，但是人生的选择哪能都这么简单。

C. 大多数人遇到鱼和熊掌的艰难抉择时，并不像书上所写的那样，轻易做到舍生取义。

D. 并非所有的人遇到艰难的抉择时都模棱两可，总有一些人能义利分明，目光如炬。

（六）选出正确的选项，并分析理由

1. 科学不是宗教，宗教都主张信仰，所以主张信仰都不科学。

上述推理是错误的。与这个推理一致的一项是（　　）

A. 所有渴望成功的人都必须努力工作，我并不渴望成功，所以我不必努力工作。

B. 商品都有使用价值，空气当然有使用价值，所以空气当然是商品。

C. 不刻苦学习的人都成不了技术骨干，小张是刻苦学习的人，所以小张能成为技术骨干。

D. 成都人不是上海人，上海人都说沪语，所以，说沪语的都不是成都人。

2. 所有教授都是要给本科生上课的，我现在还没评上教授，所以，我是不用给本科生上课的。

上述推理是错误的。与这个推理一致的一项是（　　）

A. 所有成功人士都要穿衣吃饭，我现在不是成功人士，所以，我不必穿衣吃饭。

B. 所有商品都有使用价值，空气当然有使用价值，所以，空气也是商品。

C. 所有三好生都是刻苦学习的人，王梓轩是三好生，所以，王梓轩是刻苦学习的人。

D. 所有竹子都喜阴，金镶玉竹也是竹子，所以，金镶玉竹适合栽在背阴的地方。

（七）根据试题要求进行选择

1. 某大学充满了探讨和辩论的气氛，质疑、创新成为学术研究的常态。以至于有这样的夸张说法：你若到过这所大学，你就永远不可能再相信任何人所说的任何一句话了。

如果上面的陈述为真，以下陈述必定为假的一项是（　　）

A. 你若到过这所大学，你就永远不可能再相信牛顿所说的任何一句话。

B. 你若到过这所大学，但你有时仍可能相信有些人所说的有些话。

C. 你若到过这所大学，你就必然不再相信任何人所说的任何一句话。

D. 你若到过这所大学，你就必然不再相信有些人所说的有些话。

2. 世界上不可能有某种制度适用于所有不同的国家。

以下与上述断定的意思相同的一项是（　　）

A. 有某种制度可能不适用于世界上所有不同的国家。

B. 任何制度都可能有它不适用的国家。

C. 任何制度都必然有它不适用的国家。

D. 任何制度都必然有它所适用的国家。

3. 校医对甲、乙、丙、丁、戊五名同学的肺活量进行了检测，发现：甲的肺活量小于乙，乙的肺活量不比丙大，丁的肺活量比戊大，戊的肺活量大于乙，有两人的肺活量相同。

以下肯定与以上事实不符的一项是（　　）

A. 甲的肺活量小于丁。　　B. 戊的肺活量大于丙。

C. 乙和丙的肺活量相同。　　D. 甲和丙的肺活量相同。

4. 同学甲说："要么参加我们的球队，与我们站在一起，那你是我们的朋友；要么不与我们站在一起，那你是我们的对手。"

下面哪一项与题干中的表达方式不相同？（　　）

A. 有一则房产广告："或者你住在中心城区，那么你享受了交通便利；或者你住在郊区，那么你享受了清新的空气。"

B. 以演艺为职业的人只有两种命运：要么赢，那你是英雄，面对一切荣耀；要么输，那你默默无闻，用尽心血也被观众忘记。

C. 如果一位老师有足够的能耐，他能够把基础不好的学生培养合格；因此，如果他不能把基础不好的学生培养合格，就说明他的能耐不够大。

D. 要么你做一个高尚的人，那你就无私奉献直道而行；要么你做一个卑鄙的人，那你就不择手段无所不为。

（八）判定下列推理形式是否有效，并简析

1. 一个人在体育中获得好成绩，或者是由于他体质好，或者是由于锻炼方法恰当，或者是由于他勤于锻炼。徐俊同学获得了长跑第一名，是因为他体质好，也是由于锻炼方法恰当，所以，根本原因不是他勤于锻炼。

2. 如果这个降落的小球不受外力影响，它就不会改变降落方向；它受到了外力影响，因此，它会改变降落方向。

3. 只有获得了自主招生高校指定的证书，才能被该校录取；王莹盈同学没能被她报考的自主招生高校录取，可见，她不曾获得这所自主招生高校指定的证书。

4. 高虹同学这次应聘学生会干事失败，要么是她没达到职位要求，要么是她达到了要求而被人故意拿掉了。经过调查，招聘过程中没有任何违规行为，因此，高虹同学应查找自身原因，提高自身能力。

5. 学校教务处调整了老师们的课表。不少老师的课被调得七零八落，如某个英语老师的课排在上午第五节和下午第一节，让人既不能好好吃午餐，又不能好好午休，于是老师们很有意见。教务主任就质问老师："课表安排符合你们的心意，你们就能教出同层次班级最好的成绩？"有个老师说："你给我安排了最差的课表，我是不是就该教出全年级最差的成绩？"

（九）请指出下面归纳推理的形式，并说明其前提对结论的支持程度

1. 于军民是四川人，他爱吃麻辣火锅；李林姝是四川人，她也爱吃麻辣火锅；钱惊涛是四川人，更爱吃麻辣火锅。我发现许多四川人都爱吃麻辣火锅，所以，所有的四川人都爱吃麻辣火锅。

2. 南北朝时，萧衍喜欢梅花，他写道："兰叶始满地，梅花已落枝。持此可怜意，摘以寄心知。"

五代词人冯延巳很爱梅花，他曾写过："梅落繁枝千万片，犹自多情，学雪随风转。"

元代诗人、画家王冕爱画梅花，爱写梅花诗，如："我家洗砚池头树，朵朵花开淡墨痕。"

清代诗人姚莹也常以梅花入诗，如："铁马楼船风雪里，中原北望气如虹。平生壮志无人识，却向梅花觅放翁。"

可见，中国古代诗人不但都写过咏梅佳作，而且他们都爱梅花。

3. 氟原子最外层有 7 个电子，氯原子最外层有 7 个电子，溴原子最外层有 7 个电子，碘原子最外层有 7 个电子，砹原子最外层有 7 个电子，砽原子

最外层有7个电子。氟、氯、溴、碘、砹、鿬是元素周期表中卤族的所有元素，所以，卤族所有元素的原子最外层都有7个电子。

4. 甲："是张若虚而不是张若虚的父亲写出了《春江花月夜》，因此，儿子比父亲有出息。"

乙："根据你的逻辑，我也可以证明父亲比儿子有出息，因为，是张若虚而不是张若虚的儿子写出了孤篇压全唐的《春江花月夜》。"

5. 熊同学对校医说："最近晨跑之后，我心跳过速，头晕。我是不是得了心脏病？我爸爸和我邻居王叔叔一爬楼就头晕，心跳加速，后来诊断都是心脏病。"校医对熊同学说："根据我的经验，可能是你昨天晚上睡得太晚，今天早晨起得太早，晨跑又太猛烈造成的，你应该没什么毛病。"熊同学不放心，后来去大医院做了全面检查，结果一切正常。请分析校医的诊断和熊同学的猜测属于什么推理，是否可靠。

（十）推理题

1. 童燕、王妍妍、李思颖三名同学，被西南大学、北京大学、四川大学三所高校录取（一校录取一人）。她们谁被哪个学校录取，老师们起初有不同的猜测。

语文老师猜：童燕考上北京大学，李思颖考上四川大学。

数学老师猜：童燕考上四川大学，王妍妍考上北京大学。

英语老师猜：童燕考上西南大学，李思颖考上北京大学。

后来，老师们发现自己的猜测各对了一半。请问：她们三人分别考上哪个大学？

2. 甲、乙、丙三人是高中同班同学，其中一个人去海外留学，一个人考上了国内重点大学，一个人直接找工作去了。丙的年龄比找工作的同学大，考上了国内重点大学的年龄比乙小，甲的年龄和考上了国内重点大学的年龄不一样。

请问：这三个人中谁去了海外留学？谁考上了国内重点大学？谁直接找工作去了？

提高篇

（一）生活中有些情况要经过几次推理才能得出结论，下面呈现的是比较复杂的推理，请按照要求判断并分析

1. 针对屡禁不止的作弊现象，高三（五）班承诺，如果全班同学都在承诺书上签字，那么，只要全班有一人作弊，全班同学的考试成绩都以不及格计。校方接受并执行了该班的这一承诺。结果班上还是有人作弊，但班长的考试成绩是优秀。

以下从上述断定可得出的结论是（　　）

A. 班长采取不正当的手段使校方没有严格执行承诺。

B. 作弊的就是班长本人。

C. 全班多数人没有作弊。

D. 全班没有人在承诺书上签字。

E. 全班有人没在承诺书上签字。

2. 在恐龙灭绝 6 500 万年后的今天，地球正面临着又一次物种大规模灭绝的危机。截至 20 世纪末，全球大约有 20% 的物种灭绝。大熊猫、西伯利亚虎、北美玳瑁、巴西红木等许多珍稀物种面临着灭绝的危险。有三位学者对此做了预测。学者一："如果大熊猫灭绝，则西伯利亚虎也将灭绝。"学者二："如果北美玳瑁灭绝，则巴西红木不会灭绝。"学者三："或者北美玳瑁灭绝，或者西伯利亚虎不会灭绝。"

如果三位学者的预测都为真，则以下一定为假的一项是（　　）

A. 大熊猫和北美玳瑁都将灭绝。

B. 巴西红木将灭绝，西伯利亚虎不会灭绝。

C. 大熊猫和巴西红木都将灭绝。

D. 大熊猫将灭绝，巴西红木不会灭绝。

E. 巴西红木将灭绝，大熊猫不会灭绝。

3. 某同学的作文离题严重，老师写上详细的评语之后要求学生："要么按照命题重写，要么被判为不及格计入学期总分。"同学有点委屈，说："我不同意老师这样的处理。"

如果这位同学仍坚持自己的意见，在逻辑上要承担的后果是（　　）

A. 老师应该针对这个同学的情况进行认真辅导，而不是一味严厉要求学生做这做那，甚至恐吓学生，这是不称职的行为。

B. 如果学生既不愿意接受不及格的评分又不愿意重写，那么，老师就可以要求这位同学既接受不及格的评分，还要根据命题要求重写一篇。

C. 学生作文写跑题了，说明学生审题能力有问题，应该接受老师的要求，重写是对自己的锻炼，不应该反驳老师。

D. 学生要么按照原题要求重写一篇作文，要么按照不及格计入学期总分；要求两者同时完成，不合常理，也不合逻辑规范。

4. 一本社会科学著作要在学界产生影响，必须有创意；一本社会科学著作，只有深刻触及社会的敏感点，才能有创意；而一个作者如果不了解现实生活，他的作品就不可能深刻触及社会的敏感点。

可以从题干的断定中推出的是（　　）

①一本产生影响的社会科学著作的作者，不可能不深入生活。

②一本不触及社会敏感点的社会科学著作，不可能在学界产生影响。

③一本没在学界产生影响的社会科学著作的作者，一定没有深入生活。

A. ①　　B. ②　　C. ③　　D. ①和②　　E. ①②和③

5. 有经济学家认为：一个国家如果能有效率地运作经济，就一定能创造财富而变得富有；这样一个国家想保持政治稳定，它所创造的财富必须得到公正的分配；而财富的公正分配将结束经济风险。但是，风险的存在正是经济有效率运作的不可或缺的先决条件。从这个经济学家的观点，可以推出的一项结论是（　　）

A. 一个国家政治上的稳定和经济上的富有不可能并存。

B. 一个国家政治上的稳定和经济上的有效率运作不可能并存。

C. 一个富有国家的经济运作一定是有效率的。

D. 在一个经济运作无效率的国家中，财富一定得到了公正的分配。

E. 一个政治上稳定的国家，一定同时充满了经济风险。

（二）为使论点无可挑剔，我们应尽量减少确立论点时的瑕疵。下面的试题针对某个观点提出了反面的例证或理由，请分析与甄选

1. 尽管李舒胃口不好，但她却在桃花源饭店放开肚子大吃特吃了三顿饭，然而遗憾的是她每次饭后都会生病。第一次她吃了鳗鱼，又要了一道辣椒炒肉；第二次她吃了醉蟹，也要了有辣椒的菜；第三次她就着辣椒吃了两块烤肉。这三顿饭中每次都有辣椒，所以李舒推断她生病就是因为桃花源饭店的辣椒。

最不能支持李舒推理的一项是（　　）

A. 李舒在桃花源饭店食用的包含辣椒的饭的次数太少了，不足为据。

B. 李舒在没有确定原因是否先于结果的情况下，假定了一个因果关系。

C. 李舒希望自己继续在桃花源饭店大吃一顿的愿望使她的结论带上了偏见。

D. 李舒忽略了这样的事实：对她来说这三餐饭她都吃得太多了。

2. 不管你使用哪种牙膏，经常刷牙将降低你牙齿腐烂的可能性，科学家得出结论：当刷牙时，你通过去除牙齿与牙龈上所形成的牙菌斑薄片可减少

牙齿腐烂。因此你可以不用加氟牙膏，只要认真刷牙就能告别蛀牙。

反对上面推理的论据是（　　）

A. 几乎没有人通过刷牙可以充分地消除牙菌斑。

B. 刷牙将减少牙齿腐烂的事实并没有表明氟无价值。

C. 科学家关于氟的说法是错误的。

D. 在绝大多数时间内，人们的牙齿上都有牙菌斑。

3. 专家曾建议向进城的私人车辆每天收取十元的费用，宣称这种费用的征收将缓解该市的交通拥挤状况。专家说，由于该费用比许多附近站点乘坐地铁或公交车的费用要高，许多人会因此选择公共交通。

假如以下理由都正确，能证明专家推理存在缺陷的是（　　）

A. 汽油价格的上升将提高进城的私人车辆的成本。

B. 停车费用已经使大多数开私人车辆进城的人觉得比乘坐公共交通费用高多了。

C. 目前乘坐公共汽车的人多数没有自己的私家车。

D. 许多反对该建议的上班族说宁愿忍受交通拥挤，也不愿每天付十元的费用。

4. 一个国家的青少年需要很好地理解国际方面的事务。如果一个国家想在国际竞争中保持领先的地位，这种需要就显得更加迫切。如果青少年确实有更好地理解国际事务的需要，那么，我们的教师就必须在教授他们课程内容时既坚持文化传承，又坚持理解其他民族文化的价值取向。

如果上述命题都为真，以下哪个必然真？（　　）

A. 如果一个国家想在国际竞争中保持领先地位，教师授课时要坚持理解其他民族文化的价值取向。

B. 如果教师授课时能坚持理解其他民族文化的价值取向，这个国家将在国际竞争中保持领先地位。

C. 如果青少年对国际事务有较好的理解，这个国家将在国际竞争中保持领先地位。

D. 如果一个国家在国际竞争中保持领先地位，就不需要青少年去理解其他民族文化。

5. 语文老师：高中生的作文是一届不如一届了。这届学生的作文没有我过去几届学生的作文写得好，今年我的学生每次作文写得都很差。

下面最不支持语文老师观点的一项是（　　）

A. 这个老师的学生能否作为全体高中生的代表。

B. 这位老师是不是一个能准确评判写作能力的人。

C. 这位老师有没有可能是一个糟糕的老师。

D. 这位老师为了强调观点故意隐瞒了反面证据。

单元任务三

采用合理的论证方法

一、任务目标

论证，就是用某些论据去支持或反驳某个观点。规范的论证总是包含由多个判断构成的逻辑链条。适当运用我们掌握的逻辑知识，可以更好地理解、评估论证的合理性，提高论证的水平。

1. 关注论证的隐含前提：运用逻辑方法，在文本的字里行间捕捉隐含前提，推断出许多问题背后的基本假定，由此可以进入文本的深层，探究其深层意蕴。这是深度阅读的一个重要途径。

2. 学会间接论证：间接论证包括排除法、反证法和归谬法，掌握间接论证的方法，可以帮助我们更有效地进行论证。

3. 学会在论证中引入“虚拟论敌”：在证明某个观点时，想象可能受到的攻击，再进一步考虑通过怎样的措施能使自己的论证免受或抵御这些攻击。

4. 学习任务实践：任务1，搜集典型议论性文章，分析其中的逻辑链条；任务2，以小组为单位开展班级辩论赛，在辩论中体会逻辑的力量。

二、必备知识

论证的隐含前提

1. 隐含前提

我们在熟悉的朋友圈说一句朋友间都懂的笑话，或者根据前几天发生在朋友之间的故事引出的新话题，都会自动将彼此已知的信息隐去；在日常交际语境中评判某类事物或者现象时，总是会基于双方具有的共同知识背景，而在陈述中省略对某些信息的表达。这些被省略的信息就是隐含前提。

也有一些论证者为了掩盖他所使用的前提的可疑性，故意不明确陈述这个前提。所以，当我们发现理由与论点之间有缝隙时，就应该分析论证的隐含前提是否有问题。

隐含前提只要有一个不成立，论点就值得怀疑。发现论证的隐含前提，并对它的可靠性进行考察，是评估和改进论证的一个重要方面。

2. 隐含前提的类型

认清隐含前提的类别是正确补充它的先决条件。隐含前提有三种类型。

（1）事实性的隐含前提。

这类隐含前提一般出现在描述性论题中。如：

①蚯蚓在湿润的地面上每分钟可以爬 30 厘米，比人的步行速度慢很多。

②蚯蚓在湿润的地面上每分钟可以爬 100 米，比人的步行速度慢很多。

句①的隐含前提：人的步行速度每分钟远远超过 30 厘米。依据常识，恢复论证结构，该论题属实。

句②的隐含前提：人的步行速度远远超过每分钟 100 米。人的步行速度一般是每分钟 60 米，按照常识，我们不会接受这个结论。

（2）价值性隐含前提（价值观假设）。

这类隐含前提一般出现在说明性论题中。如：

白鳍豚濒临绝种，所以，我们必须保护白鳍豚。

这个论证省略的隐含前提：我们应该保护有绝种危机的物种。面对某种包含作者情感态度的说明性论题，无论是说者还是听者，都有可能存在不同的价值判断，可能会有质疑辩难，所以价值性隐含前提在恢复论证结构的过程中，要仔细甄别其正误。

上面的例子一般不会引发争论。下面的例句则有可能引发不同观点：

社会生活中我们要弘扬正气和正义。对于社会生活中出现的有些负面事件，要不要公开揭示出来，可能存在不同观点：有人认为应该正面引导以鼓舞士气，有人认为应如实反映以促进社会的改善。

人们在辩论时，如果不了解对方隐含的价值观，可能会发生人身攻击式的争论，了解其背后的价值观之后，争论会更加理性。比如，有人不主张公开揭示负面事件，隐含的价值观不是回避错误，而是将坏的影响缩小，以防止其他人效仿；而主张揭示负面事件的人，不是为了宣传负能量，而是为了“揭出病苦，引起疗救的注意”（鲁迅语）。如果双方都能读懂彼此隐含的价值观，可能就会互相理解，这样的争论才能促进共情，推动社会进步。

（3）界定性隐含前提。

被省略的是关于某事物的标准、语词的定义等规定的前提。如：

王凯悦像个阔少，你看他一身名牌。

这句话里的隐含前提是关于人、事判别或归类标准的：一身名牌是阔少的标志。

3. 隐含前提对论证的影响

隐含前提，可能被论证者先行承认或视为理所当然。这些隐含的部分，会影响论证的结构与论点的确立。如果隐含前提为假，整个论证的效力就会降低，结论的可接受性也会受到影响。

隐含前提可能具有争辩性，可能有潜在的欺骗性。因此我们要恢复隐含前提，重构论证过程，以检验论证的可靠性。

养成关注隐含前提的思维习惯，既有助于在论证有效性分析中寻找到对方的逻辑漏洞，也有助于我们在写作议论文时主动检查自己的论证是否经得起质疑。

间接论证

间接论证的方法主要有排除法、反证法和归谬法三种。

1. 排除法

排除法是一种不相容选言判断推理，即否定错误的做法，就能证明观点的正确性；通过证明与原论题相反的论题的虚假性，来确立原论题的真实性。

排除法是假定针对某一问题而言，并且只有几种可能的情况，如果除所要论证的论题外，其他各种可能的情况都能够被否定，那么也就证明论题为真。证明过程如下：

求证：A 真。

证明：或 A 真，或 B 真，或 C 真。

已知：B、C 假。

所以 A 真。（否定肯定式选言推理）

需要注意的是，假定的支命题必须穷尽一切可能性。排除法是根据否定肯定式的选言推理的规则，在全部选言支中，只有除需要证明为真的选言支外，其他选言支都是假的，才能确证；还要保证排除得正确，要运用辩证思维对各个选言支进行必要的分析和阐述，以此来证明排除的有效性。

2. 反证法

反证法是通过确定与论题相矛盾的命题（即反论题）的虚假，来确立论题的真实性的间接论证。就是先假设与某个论点相矛盾的观点成立，然后推出明显的错误或矛盾，从而间接地证明最初的观点。论证过程如下：

论点：p。

设立反论题：非 p。

确定反论题非 p 假。

根据排中律，非 p 假，所以，p 真。

如对三段论第一格的规则“小前提必须是肯定命题”（p）所作的论证就运用了反证法：先设立反论题“小前提是否定命题”；（非 p）

然后根据推理规则，如小前提为否定命题，则必然推出“大前提也要是否定命题”的结论，两个前提都成了否定命题，这是违反规则的，所以这一结论是虚假的。（非 p 假）

由此可推出反论题的虚假，从而论证了论题的真实性。（非 p 假，所以，p 真）

需要注意的是，在进行反证中，只有与论题相矛盾的命题才能作为反论题，论题的反对命题不能作为反论题。

3. 归谬法

归谬法是通过从一个命题导出荒谬的结论而否定该命题的一种方法，即从某一观点推出明显的错误或矛盾，目的是证明这一观点本身的错误。为了反驳命题 p，可先假定 p 真，然后由其推出它所蕴含的推断 q，而 q 是明显荒谬的，于是，就可通过否定推断 q，进而否定命题 p。归谬法的逻辑根据是充分条件假言推理的否定式。形式如下：

如果 p，那么 q；非 q，所以非 p。

推断的谬误包括三种情况：①推断是与实际不符或与已知真理相悖的假命题；②推断可以导出两个自相矛盾的命题；③推断与其所导出的假定相矛盾。

归谬法在反驳和证明中均有广泛的应用。

在反驳中，归谬法是直接反驳的方法。即由所反驳的命题直接推出蕴含在其中的假命题，从而直接断定被反驳命题的虚假。如要反驳“语言能够生产物质资料”这一论题，我们可以说：“假如语言能够生产物质资料，那么夸夸其谈的人就会成为世界上最富的人了。”这就是用归谬法直接反驳了错误的论题。

在证明中，归谬法是间接证明的一种方法。如为了证明三段论第一格的规则“小前提必须是肯定命题”，可运用归谬法通过确定反论题“小前提是否定命题”的虚假，来证明原论题的真。证明过程如下：

第一格——	常规格式——
一切 M 都是 P	一切 M 都是 P
S 是 M	S 不是 M
S 是 P	无法推导 S 与 P 的关系

以上仅证明了第一格中大前提为肯定命题（MAP）这类论题，对于其中大前提为否定命题（MEP）这类论题，可利用三段论的规则 4“从两个否定前提不能得出结论”加以证明。

如果小前提是否定命题，（p）

大项 P 在大前提中不周延，（q）

然而，因前提之一为否定命题，结论也必然是否定命题，大项 P 也就在结论中周延，从而违反三段论“在前提中不周延的概念，在结论中不得周延”的规则，即无法推导 S 与 P 的关系（见下图，S 与 P 可能是包含、全异、交叉等关系）。（非 q）

所以，并非“小前提是否定命题”（非 p），即“小前提必须是肯定命题”。

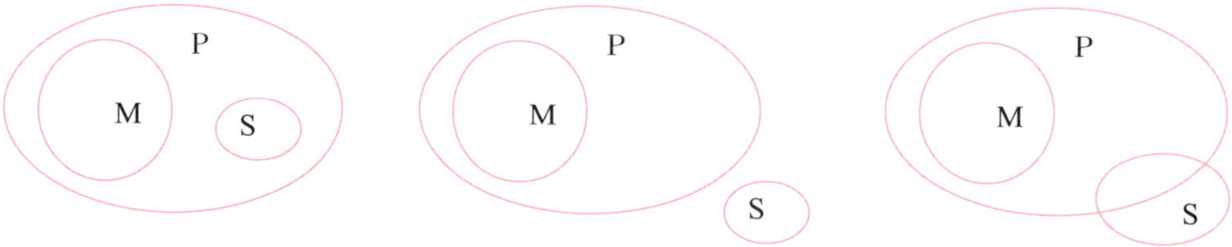

4. 反证法与归谬法的关系

反证法和归谬法很相似，都是利用充分条件假言推理的否定后件式，在证明过程中都引进了一个新的前提，都利用了推出矛盾的方法。

《逻辑学大辞典》（彭漪涟、马钦荣主编，上海辞书出版社，2004 年版）对“反证法”的解释如下：

亦称逆证。通过确立与论题相矛盾的命题（即反论题）的虚假，来确立论题的真实性的间接论证。反证法的论证过程：论题 p，设立反论题非 p。确立反论题非 p 假，根据排中律，非 p 假，所以 p 真。

反证法的具体步骤：要论证论题真，则先假定其反论题为真；由反论题推出应该产生的结果，而这个结果虚假，与事实矛盾；然后根据充分条件假言推理的规则，由后件假则前件必假，推知产生虚假结果的反论题必假；最后根据排中律，由反论题假推出原论题真。

反证法的逻辑结构——

求证：p 真。

证明过程：设立反论题非 p；如果非 p 真，则 q 真；而 q 是假的；并非“q 并且非 q”（根据不矛盾律）；q 假，则非 p 假；非 p 是假的，p 是真的（根据排中律）。

《逻辑学大辞典》（同前）对“归谬法”的解释：

通过从一个命题导出荒谬的结论而否定该命题的一种方法。

归谬法的逻辑根据是充分条件假言推理的否定后件式。形式如下：如果p，那么q；非q，所以非p。推断的谬误包括三种情况：①推断是与实际不符或与已知真理相悖的假命题；②推断可以导出两个自相矛盾的命题；③推断与其所由导出的假命题相矛盾。

反证法要证明的是一个命题的真，而归谬法要证明的是一个命题的假。正是由于这个语义上的差别，人们在逻辑思维中对反证法和归谬法有不同的应用。

在论证中引入“虚拟论敌”

在证明某个观点时，可以想象存在一个驳论者，不妨称其为“虚拟论敌”。我们表达观点，重要的不是说给那些赞同我们观点的人听，更多的是说给对话者、质疑者和批判者听，后者才是我们写作中的“虚拟论敌”。好的说理文要考虑他人可能存在但尚未表达出来的异议，并针对异议有所回应，这种思维习惯能让我们的观点阐释得更清楚、深入、有说服力。

苏洵的《六国论》，就是一篇与“虚拟论敌”对话的典范文本。

作者虚拟的第一个论敌说：六国破灭，弊在兵不利。

作者虚拟的第二个论敌说：六国破灭，弊在战不善。

作者为更好地驳斥这两个观点，推出了自己的核心论点：弊在赂秦。赂秦而力亏，破灭之道也。

但六国并未都贿赂秦国。于是作者虚拟出第三个论敌说：六国互丧，率赂秦耶？

作者批驳道：不赂秦之国失去强援，不能独自保全。所以灭亡原因仍然在于赂秦。事实上，最先灭亡的三国恰是以地事秦者，而最后灭亡的三国恰是不赂秦者。赂秦而先亡的韩、魏、楚三国，赂秦力亏，薪尽火灭；不赂秦而后亡的燕、赵、齐三国，盖失强援、智力孤危，战败而亡。秦灭六国，韩、魏之间相隔五年，魏、楚之间相隔两年，楚、燕之间仅隔一年，是国越少，势越孤也。这便印证了文首的论点：不赂者以赂者丧。

引入“虚拟论敌”不是一件容易的事，首先自己要将问题想清楚，然后才有可能站在“异己”的立场上反驳自己。下面的话题，可以训练我们分清“论敌”与“我”的观点分歧在哪里。

甲：一次性泡沫塑料杯含有对环境有害的物质，应该用纸杯代替它。在生产这种泡沫塑料的过程中会使用苯乙烯，它是一种对人体有害的致癌物。此外，泡沫塑料不易为大自然分解，会长久地留在自然界。

甲从塑料杯的生产过程和降解过程会给人类健康带来危害、破坏环境等角度提出了用纸杯代替塑料杯的观点。单看甲的观点，我们很容易相信并接受甲的主张。但是如果有人提出相反的主张呢？

乙：你忽视了制造纸杯对环境的影响。研究表明，生产纸杯要燃烧更多的石油，它所需要的电力是泡沫塑料杯的 36 倍，并且需要 12 倍于泡沫塑料杯的蒸气和 2 倍于泡沫塑料杯的冷却水。况且纸杯比泡沫塑料杯重，运输业要消耗更多的能源，造纸厂会排出废水，当这些杯子腐烂时，还会产生对全球变暖有负面效应的甲烷，所以，不应用纸杯代替泡沫塑料杯。

分析一种商品对环境的影响，甲、乙都考虑了生产过程和降解过程，乙在分析生产过程时还考虑了能源问题，并从运输成本的角度将两种杯子进行对比，提供了更为翔实的证据，因此得出了不同的结论。如果我们看了乙的观点和理由，就不会轻易赞同甲的主张了。

这个案例告诉我们，要尽可能引入“虚拟论敌”，以使我们的结论更可靠。

再来看下面这个话题。

甲：有学者认为，蜜蜂飞舞时发出的嗡嗡声是一种交流方式。如蜜蜂在采花粉时发出的嗡嗡声，是在给同一蜂房的伙伴传递它们采花粉的位置信息。但事实上，蜜蜂不必通过这样费劲的方式来传递信息。它们从采花粉处飞回蜂房时留下的气味踪迹，足以引导同伴找到采花粉的地方。

甲认为，蜜蜂飞舞时发出的嗡嗡声，并不是在给同一蜂房的伙伴传递它们采花粉的位置信息，因为蜜蜂从采花粉处飞回蜂房时留下的气味踪迹，足以引导同伴找到采花粉的地方。

乙：许多动物在完成某种任务时都可以有多种方式。如有些蜂类可以根据太阳的位置或者地理特征来辨别方位。同样，对于蜜蜂来说，气味踪迹只是它们的一种交流方式，而不是唯一的交流方式。

乙认为，动物在完成某种任务时可采用多种方式，因此，不能根据蜜蜂从采花粉处飞回蜂房时留下的气味踪迹足以引导同伴找到采花粉的地方，就得出结论说蜜蜂飞舞时发出的嗡嗡声不是在给伙伴传递采花粉的位置信息。我们用逻辑知识还原一下："蜜蜂的嗡嗡声""蜜蜂从采花粉处飞回蜂房时留下的气味踪迹""根据太阳位置辨别方位""根据地理特征辨别方位"等都是蜜蜂交流的方式，这是一个相容的选言推理，肯定其中一个选言支不能否定其他选言支，因为蜜蜂可以凭借"气味踪迹"交流，也可凭借"嗡嗡声"交流。所以，乙的反驳，可以纠正甲最开始的观点。我们在论证中也可以引入一个像乙这样的"虚拟论敌"，来完善自己的论证过程。

分析文章的逻辑链条

形式逻辑在分析前提和结论时，将前提和结论之间的内在关联称为逻辑链条。

对于一篇议论文来说，逻辑链条包括这篇文章的论证结构、行文思路、材料和观点之间的关系等具体内容。

我们以下面一段文字为例，分析其逻辑链条的构建过程。

中国的国画，十之八九，可以说是对于传统的保守，对于古人的模仿，对于前人的抄袭。王维开创了墨笔山水，于是中国画的山水差不多都是墨笔的；"清代四王"无意中创立了一派，于是中国画家就此也"石涛"、彼也

“八大”起来！殊不知，艺术是直接表现画家本人的思想感情的，画家的思想感情虽是本人的，画家本人却是时代的，时代的变化就应当直接影响到绘画艺术的内容与技巧。所以，时代在变化，绘画的内容与技巧也要变化，不可以仅仅跟在千百年前的人物后面跑。

（选自林风眠《我们所希望的国画前途》，有删改）

首先，我们概述并提炼这段文字的观点：中国画的内容和技巧要因时而变。

这段文字是如何证实这种观点的呢？或者说它是如何建立起逻辑链条的呢？

首先，作者指出中国画存在的缺点：囿于传统，模仿和抄袭前人。

然后，运用例证，作者举证了一般画家对王维、“清代四王”（清代画家王时敏、王鉴、王翚、王原祁）、石涛和“八大山人”朱耷的因袭。

在此基础上，作者提出自己的观点：绘画内容和技巧要因时而变，不能因袭前人。

其基本思路：先揭示缺点，然后分析缺点的具体表现，在分析和批评的基础上提出针对缺点的改正意见。——这就是文章的逻辑链条。

上面分析的是一个片段的单线的逻辑链条，在实际写作过程中，要根据观点的复杂程度和论据的丰富状况，构建适宜的逻辑链条，有的可能是多头并举、立体推进，有的可能是正反呼应、环环相扣。

再看下文。

成人不自在

郭英德

①《西游记》记录了孙悟空从出生、成长、奋斗，直到成为“斗战胜佛”的曲折过程，揭示了一个深刻的人生哲理：成人不自在。

②孙悟空的出生，和普通人大不一样，他是从石头缝里蹦出来的，摆脱了人与生俱有的社会关系。用小说的话，就是“不伏麒麟辖，不伏凤凰管，

又不伏人间王位所拘束”。那么，作为一个原生态的人，他是不是就获得了真正的“自在”呢？这还不行。他发现自己生活的环境太狭隘了，来来回回就在花果山上，交往的就是些猴兄猴弟。他想要拥有更大的空间和世界，所以去寻仙问道，有了种种法力。一个筋斗云翻出十万八千里，生活空间如此之大，可以为所欲为，来去自如。有了这么广阔的生存空间，就获得真正的“自在”了吗？还是不行。孙悟空有一天突然悲叹起来，他看到老猴死去，想到自己迟早也要死去，于是去了阎罗殿把自己的名字从生死簿中勾掉，从而拥有了绝对意义上的“自在”。

③但是对社会人来说，这却触犯了规范，社会不允许没有经过任何修炼就得到这种绝对自由。孙悟空扰乱了正常的秩序，这必定要受到惩罚。社会要么剿灭他，要么改造他。小说采用了象征性的写法，用“如来佛的掌心”代表一种无所不能的社会规范，个人有再大的能耐也逃不出如来佛的手掌心。“个体人”一旦步入社会，就不可能再有绝对的自由了。

④孙悟空遇到唐僧，投身西天取经的事业，这是偶然的事情吗？不完全是。小说有一个象征性的设计——紧箍儿。紧箍儿是有形的东西，却有无形的含义。孙悟空头上的紧箍儿是怎么戴上的？是他自己戴上的。他看到藏着紧箍儿的花帽子漂亮，就自己给自己戴上了。这说明孙悟空是心甘情愿地接受社会规范，保护唐僧西天取经的。紧箍咒有一个很雅的名字，叫“定心真言”。只有把孙悟空的心“定”住，他才能真正地长大成人。

⑤于是，西天取经，是孙悟空充分发挥个人能力的过程，更是他收心敛性的过程。西天取经赋予孙悟空的任务，就是保护唐僧一步一步走到西天去，跋山涉水，不能偷懒。这是一种人生的命题，人生是一步一步走过来的，人生最大的价值不在于目的，而在于过程。西天取经的八十一难，并没有内在的逻辑联系。那些周而复始、形形色色的险阻与妖魔，都不过是孙悟空修心过程中所遇障碍的象征。

⑥任何社会中的人都面临着“自在”和“成人”的两难处境。你生活在社会当中，一方面希望有更多自由，另一方面又发现面临着种种约束。这是两难的，人的一生就是在这种两难处境当中找到最佳位置。在这个意义上，孙悟空是成功的。

（有删改）

这篇文章的前提与结论是如何建立起逻辑链条的？

首先，找到每段的关键句。

第①段，“《西游记》记录了孙悟空从出生、成长、奋斗，直到成为‘斗战胜佛’的曲折过程，揭示了一个深刻的人生哲理：成人不自在”。

第②段，“孙悟空的出生……摆脱了人与生俱有的社会关系。……从而拥有了绝对意义上的‘自在’”。

第③段，“‘个体人’一旦步入社会，就不可能再有绝对的自由了”。

第④段，“孙悟空是心甘情愿地接受社会规范……只有把孙悟空的心‘定’住，他才能真正地长大成人”。

第⑤段，“那些周而复始、形形色色的险阻与妖魔，都不过是孙悟空修心过程中所遇障碍的象征”。

第⑥段，“任何社会中的人都面临着‘自在’和‘成人’的两难处境。……人的一生就是在这种两难处境当中找到最佳位置。在这个意义上，孙悟空是成功的”。

其次，分析六段之间的关系。

第①段提出观点。

第②③段一正一反，孙悟空“摆脱了人与生俱有的社会关系”，因而获得了最大限度的自由；但是普通人无法摆脱社会关系，因而“不可能再有绝对的自由”。

第④⑤段讲人必须“接受规范”和“修心”，对自我进行约束和规范。

第⑥段总结全文。

以上分析过程如下图：

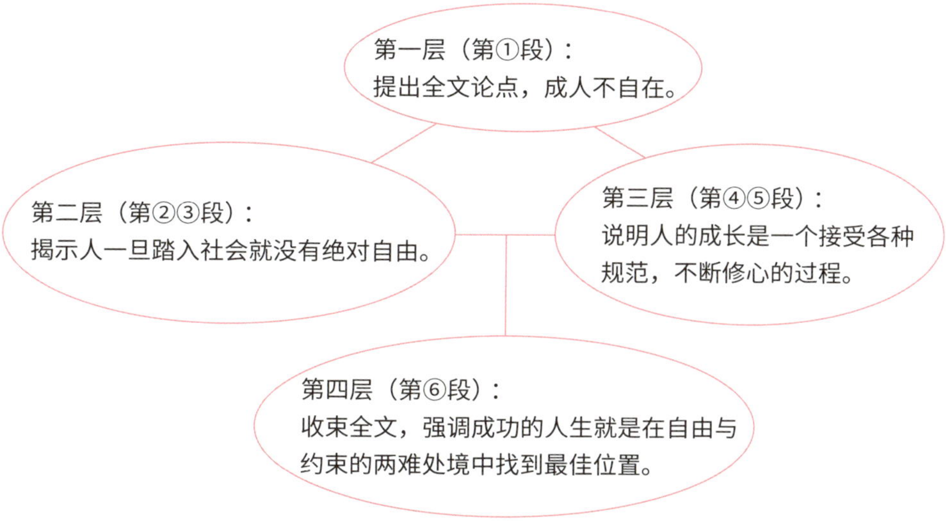

最后，总结这篇文章的逻辑链条。

开头先明确观点：成人不自在。为什么这么说呢？因为人是社会关系的产物。文章从两个角度阐释：一是人进入社会就不可能有绝对自由；二是人之所以为人，其成长和成熟的过程就是接纳和遵守社会规范的过程，所以人必须在约束和自由的两难平衡中找到最佳位置，在不自在中寻找自由。中间两部分可看作平行关系，解释了不自在的原因。结尾得出结论。

分析议论文的逻辑链条，重点在于把握各个前提材料之间的关系、前提与结论之间的关系。有的逻辑链条能直接推理，有的是复合推理；有的前提之间是并列关系，有的前提之间是递进关系。

在梳理逻辑链条时，我们可以注意一些提示性的词语：有关观点的提示词，如“因此（据此、由此、因而、所以）”“由此可见（由此可知、由此推算）”“认为（相信、意味着）”“说明（表明、证明）”等；有关前提材料的标志词，如“因为”“如果”“理由是”“根据”“调查显示（表明）”等。

梳理文章的前提和结论之间的关系，有利于我们厘清文章论证思路。逻辑链条越紧密，论述越严谨，就越能深入阐释和论证文章的主旨。

组织辩论赛

历史上的辩论多为真理与谬误、正义与非正义、是与非而辩。现代的辩论赛则基本上是一种“纯理性”的竞智、竞技比赛。辩论赛根据参加人数的多少，可分为个人赛和团体赛两大类。不同的竞赛规程和要求规定了不同的竞赛模式，这里介绍几种比较常用的辩论赛模式，同学们可以根据自己学校和班级的特点，选择适合的模式，组织和开展辩论赛。

1. 个人赛模式

个人赛模式即一对一的个人辩论比赛。1858 年林肯与坚持黑奴制度的法官道格拉斯的大辩论是历史上非常有名的一场个人辩论，该辩论曾吸引成千上万的人观战，经过七次辩论，最终林肯获胜。1979 年，该模式被列为美国中学生辩论赛的正式项目。

林肯—道格拉斯模式辩论赛（一对一）	
①正方发言 反方盘问	6 分钟 3 分钟
②反方发言 正方盘问	7 分钟 3 分钟
③正方辩驳性发言	4 分钟
④反方辩驳性发言	6 分钟
⑤正方辩驳性发言	3 分钟
总计用时	32 分钟

2. 团体赛模式

（1）标准式（牛津式）辩论赛（二对二）。

这种辩论赛模式主要运用于对现实意义较大的社会问题的辩论。正方是“立论者”，针对现实问题提出改革方案，将辩题具体化为一项新的措施，然后论证该方案的合理性和可能性。反方是“驳论者”，对正方的政策提出疑问，指出它的谬误或矛盾，否定其可行性。辩驳性发言时只准问或驳，不得再提出新的政策。

标准式（牛津式）辩论赛（二对二）		
结构性发言阶段（用时40分钟）	①正方一辩发言	10分钟
	②反方一辩发言	10分钟
	③正方二辩发言	10分钟
	④反方二辩发言	10分钟
辩驳性发言阶段（用时20分钟）	①反方一辩发言	5分钟
	②正方一辩发言	5分钟
	③反方二辩发言	5分钟
	④正方二辩发言	5分钟
总计用时		60分钟

（2）盘问式（俄勒冈式）辩论赛（二对二）。

盘问式辩论赛的特点是每位辩手在结构性发言之后都要接受辩论对手的盘问，被盘问者只能回答问题，不能反问对方，而盘问的一方则可以随时中断对立方的回答，提出新的问题，但不能反驳对方的发言。

盘问式（俄勒冈式）辩论赛（二对二）	
①正方一辩结构性发言 反方二辩盘问正方一辩	8 分钟 3 分钟
②反方一辩结构性发言 正方二辩盘问反方一辩	8 分钟 3 分钟
③正方二辩结构性发言 反方一辩盘问正方二辩	8 分钟 3 分钟
④反方二辩结构性发言 正方一辩盘问反方二辩	8 分钟 3 分钟
⑤反方一辩辩驳性发言	4 分钟
⑥正方一辩辩驳性发言	4 分钟
⑦反方二辩辩驳性发言	4 分钟
⑧正方二辩辩驳性发言	4 分钟
总计用时	60 分钟

（3）新加坡式辩论赛（四对四）。

1986 年，国际大专辩论赛的前身——亚洲大专辩论会在新加坡创立。这种模式便于完整地构建理论框架，通过四个人起承转合的论辩，全面阐述论证本方的立场观点；陈词、自由辩论、总结陈词的设置，使辩论跌宕起伏。尤其是自由辩论，注重临场发挥，最能体现辩手的素质，容易形成高潮。该模式强调整体配合，能充分体现团队精神。

新加坡式辩论赛（四对四）		
陈词阶段 （用时 18 分钟）	①正方一辩陈词 反方一辩陈词	3 分钟 3 分钟
	②正方二辩陈词 反方二辩陈词	3 分钟 3 分钟
	③正方三辩陈词 反方三辩陈词	3 分钟 3 分钟
自由辩论阶段 （用时 8 分钟）	正方任意一位辩手先发言，然后反方任意一位辩手发言，依次辩论，各方累计用时 4 分钟	4 分钟 4 分钟
总结陈词阶段 （用时 8 分钟）	①反方四辩陈词	4 分钟
	②正方四辩陈词	4 分钟
总计用时		34 分钟

（4）上海式辩论赛（三对三）。

上海市辩论赛的规则如下：

在比赛开始前一个半小时，各队教练向组委会提交一份千字左右的文字材料。材料内容包括本队对立场的分析理解，逻辑框架设计，主要论点、论据，对对立方立论的分析等有关辩论的战略、战术。教练陈词采取背对背方式（对方教练及队员回避）。

盘问时，每个队员的发言应包括回答与提问两个部分。回答应简洁，提问应明了（每次提问限一个问题）。对方提出问题时，被问一方必须回答，不得回避，也不得反驳。

自由辩论发言必须在两队之间交替进行，首先由正方一名队员发言，然后由反方一名队员发言，双方轮流，直到时间用完为止；各队用时累计计算，当一方发言结束，即开始计算另一方用时；在总时间内，各队队员的发言次序、次数和用时不限；如果一队的时间已经用完，另一队可以放弃发言，也可以轮流发言，直到时间用完为止。放弃发言不影响打分。

上海式辩论赛（三对三）		
陈词阶段（用时 16 分钟）	①正方一辩发言	4 分钟
	②反方一辩发言	4 分钟
	③正方二辩发言	4 分钟
	④反方二辩发言	4 分钟
盘问阶段（用时 3 分钟）	①反方三辩提问	10 秒
	②正方三辩回答提问	30 秒
	③反方二辩回答提问	30 秒
	④正方二辩回答提问	30 秒
	⑤反方一辩回答提问	30 秒
	⑥正方一辩回答提问	30 秒
	⑦反方三辩回答	20 秒
自由辩论（用时 10 分钟）	正方发言，反方发言，正、反方依次轮流发言	10 分钟
总结阶段（用时 8 分钟）	①反方三辩总结陈词	4 分钟
	②正方三辩总结陈词	4 分钟
总计用时		37 分钟

* 本节内容参考《辩论学（第二版）》（李元授、李鹏著，华中科技大学出版社，2004 年版）。

三、案例与故事：如何采用合理的论证方法

隐含前提

1. 隐含前提的故事

来看下面这个故事：

某作家出身贫寒，他父亲是一个弹棉花的匠人，但他从不隐讳自己的出身。在一次聚会中，有个富家子弟当着众人的面，对他高声说："听说你父亲是个弹棉花的。"

"是的。"作家说。

"那他为什么没有把你也培养成弹棉花的呢？"

作家微笑着反问："你的父亲一定是位绅士？"

"那是自然。"富家子弟高傲地回答。

"那他怎么没有把你也培养成绅士呢？"

大家听了，都笑了。

故事中的富家子弟的推理过程如下——

理由：你父亲是弹棉花的匠人。

隐含前提：父亲是干什么的，儿子也应该被培养成干什么的。

结论：你也应该被培养成弹棉花的匠人。

在这个推论中，隐含前提"父亲是干什么的，儿子也应该被培养成干什么的"是假的，所以结论自然为假。作家根据他的推论进行反驳：

如果隐含前提是真的，那么父亲是绅士，儿子也应该被培养成绅士。

父亲是绅士，却没有把富家子弟培养成绅士，所以，隐含前提"父亲是干什么的，儿子也应该被培养成干什么的"是不成立的。

因此，结论"你也应该被培养成弹棉花的匠人"也是不成立的。

在有些推理过程中，隐去了前提，也就隐藏了推理的错误；我们将隐含前提补足，再去理解推理过程，就会发现其中的真假是非。

2. 隐含前提的案例

例 1：

一所重点高中开发出一门关于研究型学习的新课程，课程的自主探究性要比老课程表现突出。在新课程和老课程同时推出的第一学期，选老课程的同学人数超过了选新课程的人数。于是学校得出结论：课程的自主探究性并非学生的首要考虑。

上述论证的成立依赖于一系列的前提条件：①两种课程的难易程度没有较大差异；②两种课程面向学生的宣传手法没有较大差异；③学生对新旧两种课程的认知程度没有较大差异；④两种课程的开发团队的研究力量没有较大差异；等等。

学校得出的结论，必须对以上隐含前提加以证实，如果未经证实和排除，得出的结论就是不可靠的。由于新课程是刚刚推出的，学生可能对新课程的认知程度远不如对老课程的认知程度，即使新课程的自主探究性加强也是无效的。因此，原论证不是必然成立的。

例 2：

我们班同学家里都有电脑，但只有 7% 的家庭每周编写程序两小时以上，12% 的家庭在一小时至两小时之间，其余的每周不到半小时甚至为零。可见，我们班购买电脑的家庭并没有充分利用他们的电脑。

上述论证中包括这样一个隐含前提：购买电脑的家庭充分利用电脑的标志就是用于编程。这个假设是有问题的，家庭购买电脑的主要目的可能是用来办公、处理文件、获取信息或者娱乐，未必都是用来编程。

例 3：

文化有两个特性，一个是普同性，一个是特异性。

所谓普同性，指不同背景的文化具有相似的伦理道德和价值观念，如东方文化和西方文化都肯定善行，否定恶行。

所谓特异性，指不同背景的文化具有不同的思想意识和行为方式，如西方文化崇尚个人价值，东方文化固守集体意识。

正因为文化具有普同性，所以一国文化就一定会被他国所接受；正因为文化具有特异性，所以一国文化就一定会被他国所关注。无论是接受还是关注，都体现了该国文化影响力的扩大，也表明了该国软实力的增强。

这段文字的推断：因为文化具有普同性，所以一国文化就一定会被他国所接受。这一推断隐含的前提：①一国文化必然能够有效传播并被他国有效接收到；②一国文化必然被他国所认可。

事实上，这两个前提不一定完全具备。一些经济比较落后、封闭的国家，因为自身经济和技术等原因，无法将自己的文化有效传播出去；一些国家的文化因其宗教特色，也不一定被其他国家认可。所以，文化虽有普同性，但一国文化未必就一定能传播出去，也未必能被他国所接受。

间接论证

1. 排除法的故事

河中石兽

河北沧州的南边有一座寺庙靠近河岸，庙门倒塌在河里，门前的两个石兽一起陷入河中。多年后，僧人重修寺庙，在河里寻找石兽，却没找到。他们认为石兽顺着水流到了下游，向下游找了十多里也没有找到。

一个教书先生听了，笑着说："这石兽不是木片，怎么能被暴涨的水带走呢？石头坚硬沉重，沙子松软轻浮，石兽一定是埋没在沙子中，越陷越深了。"

大家准备照他的说法去打捞。一个老河兵又笑着说："凡是陷入河中的石头，都应当到河的上游寻找。因为石头坚硬沉重，沙子松软轻浮，水流不能冲走石头，而水流遇石反冲，一定会冲走石头下面的沙子，形成坑洞。随着坑洞越冲越深，石头必定倾倒在坑洞中。水流像这样不断冲刷，石头的位置就会不断移动，于是石头就逆流移动到上游了。"

大家按照他的话去寻找，果然在上游几里外找到了石兽。

上面的故事蕴含了选言推理排除法：先列举论题成立的所有前提，然后通过排除法证明除论题之外其他任何一种情况都不能成立，从而确立论题的真实性。即：

设 A、B、C 为某问题成立的三种可能情况（并且假定仅有这三种情况），其中 A 为我们要追求的理想答案，则选言推理排除法的思维过程如下——

求：A。

思维求解过程：或 A 或 B 或 C；非 B 且非 C。

所以，答案只能是 A。

2. 运用排除法论证的案例

例 1：

有人在印度发现了一群不平常的陨石，它们的构成元素表明，它们只可能来自水星、金星或火星。由于水星离太阳最近，它的物质只可能被太阳吸引而不可能落到地球上；而这些陨石也不可能来自金星，因为金星表面的任何物质都不可能摆脱它和太阳的引力而落到地球上。因此，这些陨石很可能是某次巨大的碰撞后从火星落到地球上的。

这段文字的论证过程如下：

陨石或来自水星，或来自金星，或来自火星；

如果来自水星，陨石会被太阳吸引，不可能落到地球上；

如果来自金星，这些物质不可能摆脱金星和太阳的引力，也不可能落到地球上。

因此，这些陨石是从火星落到地球上的。

例 2：

在第 24 届世界经济论坛非洲峰会上，我国指出，中方愿与非方合作建设非洲高速铁路网络、高速公路网络和区域航空网络，促进非洲大陆互联互通，并愿提供金融、人才和技术支持。中国对非援助不附加任何政治条件。有人认为，中国发展与非洲国家的关系，表明①中国奉行互利共赢的开放战略，积极拓展中非共同利益；有人认为此举能②彰显中非是战略互信、相互支持、相互帮助的区域共同体；还有人认为此举③反映了中国是推动非洲经济发展、造福非洲人民的主导力量。

中国与非洲合作建设高速运输网络，文中画线的三种说法，哪个是正确的？

分析：由于中非并未形成区域共同体，所以排除第②句；中国也不是造福非洲人民的主导力量，所以排除第③句。因此，只有第①句是正确的。

例 3：

没有买卖就没有杀害。据统计，目前每年约有 3 万头非洲大象因非法象牙交易被盗猎者杀害。为警示非法象牙交易，多国政府公开销毁缴获的象牙及其制品。针对此，有人评论，①减少象牙消费可减少猎杀行为；有人认为，②非法猎杀导致象牙的非法交易；还有人认为，③象牙消费增长源于收入水平提高。

对于买卖导致的杀害，文中画线的三种评论，哪个是正确的？

分析：原文说“非洲大象因非法象牙交易被盗猎者杀害”，“象牙交易”是因，“大象被猎杀”是果，所以第②句错误，因果倒置；第③句“象牙消费增长源于收入水平提高”的观点与本题旨意无关。因此，对此评论的只有第①句是正确的。

3. 反证法的故事

故事 1：

王戎不取道旁李

王戎七岁，尝与诸小儿游。看道边李树多子折枝，诸儿竞走取之，唯戎不动。人问之，答曰：“树在道边而多子，此必苦李。”取之，信然。

（选自刘义庆《世说新语 · 雅量》）

王戎七岁的时候，有一次和小朋友在路边玩耍，看见路边的一棵树上结满了李子，其他小朋友一哄而上去摘李子，唯独王戎没动。别人问他为什么不去摘李子，王戎回答说：“假如李子不苦，早被路人摘光了，而这树上却结满了李子，所以李子一定是苦的。”小朋友摘来一尝，果然是苦的。

分析：反证法的论证规则与过程如下——

规则	过程
论点：p	路边李苦
设立反论题：非 p	并非路边李苦
确定反论题非 p 假	“并非路边李苦”假（假如不苦，早被摘光——“并非李苦”假）
根据排中律，非 p 假，所以，p 真	“路边李苦”真

故事 2：

景公好弋

景公好弋，使烛邹主鸟而亡之。公怒，诏吏杀之。晏子曰：“烛邹有罪三，请数之以其罪而杀之。”公曰：“可。”于是召而数之公前，曰：“烛邹！汝为吾君主鸟而亡之，是罪一也；使吾君以鸟之故杀人，是罪二也；使诸侯闻之，以吾君重鸟轻士，是罪三也。”数烛邹罪已毕，请杀之。公曰：“勿杀！寡人闻命矣。”

（选自《晏子春秋·外篇》）

齐景公喜欢捕鸟，让烛邹管理那些鸟。结果，鸟飞走了。齐景公十分生气，下令让人杀了烛邹。晏子说：“烛邹有三条罪状，请让我将他的罪状一一列出加以斥责，然后杀掉他。”齐景公说：“好。”于是他召见了烛邹，晏子在他面前列数烛邹的罪行，说：“烛邹！你是我们君王的养鸟人，却让鸟逃跑了，这是第一条罪行；让我们君王为了一只鸟就要杀人，这是第二条罪行；让诸侯听到这件事，认为我们的君王看重鸟而轻视手下的人，这是第三条罪行。”把烛邹的罪状数落完了，晏子请示齐景公，要杀了烛邹。景公说：“不用处死了！我明白你的指教了。”

分析：反证法的论证规则与过程如下——

规则	过程
论点：p	烛邹无罪
设立反论题：非 p	并非烛邹无罪
确定反论题非 p 假	烛邹有三桩罪，实际上，列举事实证明“烛邹有罪”假
根据排中律，非 p 假，所以，p 真	“烛邹无罪”真

4. 运用反证法论证的案例

证明：2 的平方根不是一个有理数。（论点：p）

论证过程：

首先，假设 2 的平方根是一个有理数。（设立反论题：非 p）

那么存在整数 n 和 m 使得 n/m 是 2 的平方根的最简分数表达式；如果是这样，则 $n^2/m^2=2$，在这种情况下，n^2 是一个偶数，于是 n 也是一个偶数。如果 n 是一个偶数，则存在整数 p 使得 $n=2p$；这样，$4p^2/m^2=2$ 且 $m^2=2p^2$。因此，m 是一个偶数。但如果 m 和 n 都是偶数，则 n/m 不是最简分数，这与前面由假设得出的结果矛盾。由于假设导出了矛盾的命题，因此我们能确信该假设为假。（确定反论题非 p 假）

所以，2 的平方根不是一个有理数。（根据排中律，非 p 假，所以，p 真）

5. 归谬法的故事

故事 1：

流行与高雅

有个作家参加晚会，晚会上演奏的音乐让他感到厌烦。

朋友向他解释："正在演奏的是流行歌曲。"

作家反问一句："流行的乐曲就是趣味高雅的吗？"

朋友说："不高雅的东西怎么能够流行呢？"

作家笑着说："那么，流行性感冒也是高雅的了？"

这个故事的论证过程分析如下：

如果流行的就是高雅的，（p）

那么流行性感冒也是高雅的；（q）

流行性感冒并非高雅的，（非 q）

所以流行的并非就是高雅的。（非 p）

故事 2：

为　宅

徐孺子，南昌人，十岁与太原郭林宗游，同稚还家。林宗庭中有一树，欲伐去之，云："为宅之法，正如方口。口中有木，'困'字不祥。"徐曰："为宅之法，正如方口。口中有人，'囚'字何殊？"郭无以难。

（选自冯梦龙《笑史》）

东汉南昌人徐孺子十岁的时候，有一次同太原人郭林宗出游，游毕回到郭家。郭宅庭中有一树，郭林宗欲将树伐去。郭林宗伐树的理由："为宅之法，正如方口，口中有木，'困'字不祥。"徐孺子对此进行了反驳：如果宅中有树，犹不祥的"困"字，就要把树砍去的话，那么"为宅之法，正如方口，口中有人，'囚'字何殊？"如果因"困"字不祥就要砍树，岂不是要因为"囚"字不祥而把家中人杀掉吗？

徐孺子对郭林宗砍树理由的反驳不是通过正面说理进行的，也不是以事实来说服郭林宗，而是顺着郭林宗的思路，以郭林宗的逻辑引出荒谬的论点，说服郭林宗不要砍树。这个反驳就是一个归谬反驳的过程。分析如下：

如果因“困”字不祥要砍树，（p）

那么因“囚”字不祥就要把家中人杀掉；（q）

并非“囚”字不祥就要把家中人杀掉，（非 q）

所以并非“困”字不祥就要砍树。（非 p）

也就是说，“因为‘困’字不祥要砍树”是错误的。

6. 运用归谬法论证的案例

来看下面这道题：

学校组织教师旅游，4 个老教师老赵、老钱、老孙、老李和 4 个年轻教师小赵、小钱、小孙、小李一起参加。在旅馆里，他们 8 人住 4 个房间，需要满足如下条件：①每个房间住一老一少；②同姓人不住同一个房间；③如果老孙不和小李住一个房间，则老钱也不和小孙住一个房间；④老李不和小赵住一个房间。

以下哪种安排是不合乎条件的？（　　）

A．老钱和小孙住一个房间。

B．老赵和小钱住一个房间。

C．老孙和小李住一个房间。

D．老孙和小钱住一个房间。

E．老赵不和小李住一个房间。

答案：A。

论证过程如下：

假设 A 是合乎条件的，（如果 p）

则“老钱和小孙住一个房间”，根据前提条件③，通过充分条件假言命题否定后件推出否定前件，可以推出“老孙和小李住一个房间”。——两个房间确定了。现在只有老李和老赵、小钱和小赵两对的组合了，因为题干条件④的要求，“老李不和小赵住一个房间”，那么只能是老赵和小赵住一个房间了，这又不满足题干②的条件要求；（那么 q）

根据②和④的前提，人员安排会发生矛盾；（非 q）

所以并非 A 的安排是合乎条件的。（非 p）

引入“虚拟论敌”案例

1. 案例：如何避免愚蠢的见识

怀有各种各样愚蠢的见识乃是人类的通病。要想避免这种通病，并不需要超人的天才。下面提供的几项简单原则，虽然不能保证你不犯任何错误，却可以保证你避免一些可笑的错误。

如果一个问题但凭观察就可以解决的话，就请你亲自观察一番。亚里士多德误以为妇女牙齿的数目比男人少。这种错误，他本来是可以避免的，而且办法很简单。他只消请他的夫人把嘴张开亲自数一数就行了。但他却没有这样做，原因是他自以为是，自以为知道而实际上自己并不知道。这是我们人人都容易犯的一种致命错误。……

许多事情不那么容易用经验加以检验。如果你像大多数人一样在许多这类事情上有颇为激烈的主张，也有一些办法可以帮你认识自己的偏见。如果你一听到一种与你相左的意见就发怒，这就表明，你已经下意识地感觉到你那种看法没有充分理由。如果某个人硬要说 2 加 2 等于 5，或者说冰岛位于赤道，你就只会感到怜悯而不是愤怒，除非你自己对数学和地理也是这样无知，因而他的看法竟然动摇了你的相反见解。最激烈的争论是关于双方都提不出充分证据的那些问题的争论。迫害见于神学领域而不见于数学领域，因为数学问题是知识问题，而神学问题则仅是见解问题。所以，不论什么时候，只要发现自己对不同的意见发起火来，你就要小心，因为一经检查，你大概就会发现，你的信念并没有充分证据。

【点评】

怀有愚蠢的见识，可能是出于无知，可能是因为价值观不一致，无论哪一种情况，不要情绪化，而要借此检查自己的立论是否结实、可靠。

一种摆脱某些武断看法的好办法就是设法了解一下与你所在的社会圈子不同的人们所持有的种种看法。我觉得这对削弱狭隘偏见的强烈程度很有好处。如果你无法外出旅行，也要设法和一些持不同见解的人们有些交往，或者阅读一种和你政见不同的报纸。如果这些人和这种报纸在你看来是疯狂的、乖张的，甚至是可恶的，那么你不应该忘记在人家看来你也是这样的。双方的这种看法可能都是对的，但不可能都是错的。这样想一下，应该能够慎重一些。

有些人富于心理想象力。对于这些人来说，一个好办法便是设想一下自己在与一位怀有不同偏见的人进行辩论。这同实地跟论敌进行辩论比起来有一个（也只有一个）有利条件，那就是这种方法不受时间和空间的限制。……我自己有时就因为进行这种想象性的对话而真的改变了原来的看法；即令没有改变原来的看法，也常常因为认识到假想的论敌有可能蛮有道理而变得不那么自以为是。

【点评】

设置“虚拟论敌”的必要性。

对于那些容易助长你狂妄自大的意见尤宜提防，不论男女都坚信男性或女性特别优越，双方都有不可胜数的证据。如果你自己是男性，你可以指出大多数诗人和科学家都是男子；而如果你是女性，你可以用大多数罪犯也都是男子来反唇相讥。这个问题本来就无法解决，但是，自尊心却使大多数人都看不到这一点，不管我们属于世界上哪个国家，我们大家总是认为我们自己的民族比所有其他民族都优越。既然每个民族都有自己特有的长处和短处，我们就把自己的价值标准加以调整，以便证明自己民族的长处乃是真正重要的长处，而其缺点相对来说则微不足道。在这个问题上，一位明白事理的人也一定会承认，它没有明显正确的答案。由于我们无法和人类之外的智者辩论清楚，所以要处理这个人之作为人而自高自大的问题就更加困难了。就我所知，处理这个普遍存在的人类自高自大问题的唯一方法，就是要经常提醒自己，在茫茫宇宙中一个小小角落的一颗小小星球的生命史上，人类仅仅是一个短短的插曲，而且说不定宇宙中其他地方还有一些生物，他们优越于我们的程度不亚于我们优越于水母的程度。

（罗素《如何避免愚蠢的见识》，有删改）

【点评】

在设置“虚拟论敌”的过程中，还要设想对方如何立论，如何破解。如上文中男女举例认证自身性别优越的观点，其错误就在于仅用了简单枚举法。

2. 案例：大希庇阿斯篇——论美

苏　……近来在一个讨论会里，我指责某些东西丑，赞扬某些东西美，被和我对话的人问得无辞以对。他带一点讥讽的口吻问我：“苏格拉底，你怎样才知道什么是美，什么是丑，你能替美下一个定义吗？”我由于愚笨，不能给他一个圆满的答复。会谈之后，我自怨自责，决定了以后如果碰见你们中间一个有才能的人，必得请教他，把这问题彻底弄清楚，然后再去找我的论敌，再和他做一番论战。……

希　苏格拉底，这问题小得很，小得不足道，我敢说。

苏　愈小我就愈易学习，以后对付一个论敌，也就愈有把握了。

希　对付一切的论敌都行，苏格拉底，否则我的学问就很平庸浅薄了。

苏　你的话真叫我开心，希庇阿斯，好像我的论敌没有打就输了。我想设身处在我的论敌的地位，你回答，我站在他的地位反驳，这样我可以学你应战，你看这个办法没有什么不方便吧？我有一个老习惯，爱提出反驳。如果你不觉得有什么不方便，我想自己来和你对辩，这样办，可以对问题了解得更清楚些。

……

苏 美也是一个真实的东西？

希 很真实，这有什么难题？

苏 我们的论敌现在就要问了：“客人，请告诉我什么是美？”

……

希 什么是美，你记清楚，苏格拉底，美就是一位漂亮小姐。

苏 狗呀，回答得美妙！如果我对我的论敌这样回答，要针对他所提的问题作正确的回答，不怕遭到反驳吗？

希 你怎么会遭到反驳，如果你的意见就是一般人的意见，你的听众都认为你说得有理？

……

苏 他会这样向我说：“你真妙，苏格拉底，但是一匹漂亮的母马不也可以是美的，既然神在一个预言里都称赞过它？”你看怎样回答……他会说：“一个美的竖琴有没有美？”你看我们该不该承认，希庇阿斯？

希 该承认。

苏 他还会一直问下去，我知道他的脾气，所以敢这样肯定。他要问：“亲爱的朋友，一个美的汤罐怎样？它不是一个美的东西吗？”

希 这太不像话了，苏格拉底，这位论敌是什么样的一个人，敢在正经的谈话里提起这些不三不四的东西？他一定是一个粗俗汉！

苏 他就是这样的人……除掉真理，什么也不关心。可是还得回答他的问题。我的临时的愚见是这样的，假定是一个好陶工制造的汤罐，打磨得很光，做得很圆，烧得很透，它们确实是很美的；我回答他说，假如他所指的是这种汤罐，那就要承认它是美的。怎么能不承认美的东西有美呢？

希 不可能否认，苏格拉底。

苏 他会说：“那么，依你看，一个美的汤罐也有美了？”

希 我的看法是这样的：像这种东西若是做得好，当然也有它的美，不过这种美总不能比一匹母马、一位年轻小姐或是其他真正美的东西美。

苏 就让你这么说吧，希庇阿斯，如果我懂得不错，我该这样回答他：“朋友，赫拉克利特说过，最美的猴子比起人来还是丑的，你没有明白这句话的真理，而且你也忘记，依学问渊博的希庇阿斯的看法，最美的汤罐比起年轻小姐来还是丑的。”你看是不是应该这样回答？

希 一点不错，苏格拉底，答得顶好。

苏 他一定这样反驳：“苏格拉底，请问你，年轻小姐比起神仙，不也像汤罐比起年轻小姐吗？比起神，最美的年轻小姐不也就显得丑吗？你提起赫拉克利特，他不也说过，在学问方面，在美方面，在一切方面，人类中学问最渊博的比起神来，不过是一个猴子吗？”我们该不该承认，最美的年轻小姐比起女神也还是丑呢？

希 这是无可反驳的。

苏 如果我们承认这一点，他就会笑我们，又这样问我：“苏格拉底，你还记得我的问题吗？”我回答说：“你问我美本身是什么。”他又会问：“对这个问题，你指出一种美来回答，而这种美，依你自己说，却又美又丑，好像美也可以，丑也可以，是不是？”那样我就非承认不可了。好朋友，你教我怎样回答他？

希 就用我们刚才所说过的话，人比起神就不美，承认他说得对。

苏 他就要再向我说：“苏格拉底，如果我原先提的问题是什么东西可美可丑，你的回答就很正确。但是我问的是美本身，这美本身把它的特质传给一件东西，才使那件东西成其为美，你总以为这美本身就是一个年轻小姐、一匹母马，或一个竖琴吗？”

希 对了，苏格拉底，如果他所问的是那个，回答就再容易不过了。他想知道凡是东西加上了它，得它点缀，就显得美的那种美是什么。他一定是个傻瓜，对美完全是门外汉。告诉他，他所问的那种美不是别的，就是黄金，他就会无话可说，不再反驳你了。因为谁也知道，一件东西纵然本来是丑的，只要镶上黄金，就得到一种点缀，使它显得美了。

苏 你不知道我的那位论敌，希庇阿斯，他爱吹毛求疵，最不容易应付。

（选自柏拉图《柏拉图文艺对话集》，有删改）

【点评】

这本对话集，作者一直是在和“论敌”对话，在反驳中将自己的观点逐步往前推进。

希庇阿斯以教辩论为职业。苏格拉底说，曾有一个论敌拿“美是什么”这个问题盘问过他，他想请教高明的希庇阿斯，苏格拉底就假装那个论敌，和希庇阿斯对辩美的问题。

上面的对话展现的是关于美的第一个答案：美就是一位漂亮的小姐。

苏格拉底半开玩笑似的说：一匹母马或是一个汤罐也可以是美的。如果以为马和罐的美不及美人的美，美人的美比起神仙的美显得丑了，那么美人的美就是相对的，可以看成美，也可以看成丑，全看和她比较的是什么。在苏格拉底这个“虚拟论敌”的追问下，希庇阿斯认为“恰当的就是美的”。“恰当”只使事物外表美，那就会只是一种错觉而不是美本身。辩来辩去，美终于“从手里溜脱了”。希庇阿斯穷于应对，颇想临阵脱逃。苏格拉底留住他，换了一个讨论方式，他自己提出一些可能的定义来逐一讨论。

第一个可能的定义是“美就是有用的”，后来他又将其修正为“美就是有益的”；但美与善不是一回事，于是又提出第三个可能的定义：“美就是视觉和听觉所产生的快感。”但是视听以外的快感如食色之类也算是美呀，单是视觉或听觉所产生的快感就不能成其为美。

这篇对话对于“美是什么”并没有得到结论。这是柏拉图早年的作品，反映了他当时的思想状况。他虽然批驳了“恰当的”“有用的”“有益的”“发生快感的”那些概念，可是从他后来的许多对话看，他始终隐约感到这些概念与美有密切的关联。

但是，我们最关心的不是美学发展史，而是文章结尾的那句话“希庇阿斯，他爱吹毛求疵，最不容易应付”给我们的启示——对那些最不容易应付的人，怎么展开说理，怎样讲道理讲清楚，才最有意思。

分析文章的逻辑链条案例

1. 案例：以刺猬的抱负，做狐狸的工作

①以赛亚·伯林曾把托尔斯泰描述为一只自认为是刺猬的狐狸，而我觉得，他自己更像一只以狐狸的方式行事的刺猬。

②狐狸与刺猬的说法，是伯林对古希腊残诗“狐狸知道很多的事，但是刺猬则只知道一件大事”的一种发挥。它用以比喻两种相反的思想性格：“刺猬”的胃口大，喜欢对广泛的事物采取整体把握的立场，即把各种问题或见解都纳入一个体系中去处理；“狐狸”则不然，关心的不是全，而是多，即多方面地追逐、猎取目标。伯林以托尔斯泰的《战争与和平》为例进行分析。《战争与和平》试图提供一种普遍的历史哲学，但吸引人的却是精彩的具体情节，而非那乏味的哲理。托翁生性是狐狸，却以为自己是刺猬。

毫无疑问，伯林不欣赏甚至厌恶大体系，这是由他的价值取向所决定的。伯林这批思想家有一个共同的特点，就是激烈抨击以黑格尔为代表的以历史决定论为原则建立起来的思想体系，他们把这种思想体系看作法西斯政治或极权体制的哲学基础，是自由主义的思想敌人。……他以多元论反一元论的哲学立场，也即决定他反刺猬、反体系的思想基础。

③然而，问题在于，是否可以由此把伯林看成纯粹的狐狸呢？也不尽然。刺猬只知道或关注一件大事，这一以贯之的“一”，可包括两层意义。一种是形式上的，即逻辑上把观念组织成一个整全的理论系统；另一种是实质上的，即思想上致力于维护一种价值立场。这在有些思想家那里，两者也许是统一的，如约翰·罗尔斯之《正义论》，但另一些人如伯林，两者则是不一致的：伯林反对大体系，但终生坚持一种价值立场。无论是写哲学评论，还是作思想人物的个案分析，其总目标都是为自由主义理想张目。所以我们也许能够说，伯林的行为方式是狐狸的，但抱负则是刺猬的。否则，他就不会是杰出的思想家。

④与 18 世纪的狐狸当道不同，从思想学术的基本特性看，20 世纪的中国

是刺猬得势的时代。这是由现代中国的历史情势决定的。从19世纪中叶开始，传统的社会结构及价值系统就日趋解体，世纪之交维新派的努力失败，结果是旧体系瓦解，价值真空出现。从“五四”时代“问题与主义”论战开始，进入刺猬角逐的时代。但是刺猬得势而没有得逞，在这个世纪末，急剧转型的中国社会，仍然处在等待刺猬的时代。目睹或经受过某种刺猬的祸害的一代人文知识分子，多数会面临两难的选择：一是不谈价值，回避立场，做纯粹的狐狸；一是勉为其难，侈谈主义，依然做没有建树的刺猬。因此，以赛亚·伯林思想性格的分析，应该启示我们大多数人做出新的选择，那就是，以刺猬的抱负，做狐狸的工作，不迷失自己的价值立场。

（根据陈少明《等待“刺猬”——当代学风的一种思想是分析》缩编）

逻辑链条

文章首段提出观点，指出伯林是一只以狐狸的方式行事的刺猬；接着阐明“狐狸”与“刺猬”的具体内涵；然后分析了伯林反刺猬、反体系的思想基础，并指出伯林实质上还是“刺猬”；最后指出伯林思想性格的分析对中国现当代社会的启示：以刺猬的抱负，做狐狸的工作。

2. 案例：从审美距离到审美视角

①自然欣赏的关键，是从自然中感受到美好的生活环境；艺术欣赏的关键，是与作品所表达的思想情感产生共鸣。所有这一切，都不能离欣赏者太远。太远了，与人无关，就无法欣赏。于是，不失去距离，又不能太远，就成了一门关于距离的学问。

②对此，布洛提出“距离的二律背反”。有两种力出现在审美经验中，一种将人拉向对象，一种将人拉离对象。只有两种力量维持了一种平衡，审美欣赏才有可能。

③将人们吸引向对象的一股力量，就是生活的趣味。对自然的爱好，是从中看见生活、生活的真实体验和对生活的向往。对艺术的爱好，是从中体现出生活中的情感、真实的情感和对情感的向往。

④但是将人们从对象拉开的那一股力量，则比较难理解。有一种理解，认为过度生活化是危险的。孔夫子提出，“君子不党”；英国绅士们警告：保持你的距离。人与人之间要保持距离，过于挤在一起，就激发了低级趣味，滑入危险的关系之中。还有另一种理解，即认为艺术就是要与生活不一样。纵观文学艺术的历史，有着大量非现实主义，即不是“按照生活的本来样式”来写作的作品。从神话、童话、民间故事到充满神奇色彩的影视动漫作品，用魔幻手法创作的文学和艺术作品，都在有意偏离生活。这时，艺术的力量不是像绳子一样拉着欣赏者，不让欣赏者滑向危险的生活，而是有一种魔力，将欣赏者带入奇幻世界中。像《聊斋志异》《西游记》《封神演义》那样的神奇故事，所具有的不是否定性距离，而是具有通过与现实生活的距离所造成的特有的美。

⑤距离由此取得了新的含义，有了肯定性的力量。它不仅无害，而且成了艺术性本身。特别是在艺术这个充满创造性的领域，制造距离又打破距离，从而实现对距离的利用，可以成为一种艺术手段。

⑥当然，我们看待这个世界时，并不能设想一下子就能凭空拉开距离。对待大雾，能镇定自若，并欣赏雾中美景，产生诗情画意，是由观看者的艺术修养以及他的全部教养决定的。我们常说，生活中并不缺少美，缺少的是发现美的眼睛，也是同样的道理。艺术教会了我们发现美。过去，这种美的视角被理解成一种态度，认为摆出一种态度即可。其实，这与其说是态度，不如说是能力，是一种发现美的能力。

⑦这种发现美的能力，是可以通过教育，特别是艺术教育来培养的。这是艺术的一个最重要的功能。艺术家通过对风景的描绘，增强了人们对风景欣赏的能力。艺术家也通过对生活的描写，推动着人们从审美的角度来欣赏生活。

⑧在美学界，朱光潜常举这样一个例子——一个海边农夫在别人称赞他的门前海景美时，常会羞涩地转过身来指着屋后的菜园说：“门前虽然没有什么可看的，屋后这一园菜却还不差。”有人以此批评朱光潜鄙视劳动人民，是剥削阶级意识，真的是对朱光潜先生莫大的误解。

（高建平《从审美距离到审美视角》，有删改）

逻辑链条

文章首段从自然欣赏和艺术欣赏谈到审美中的“距离”问题；接着由布洛的“距离的二律背反”来谈“距离”的新内涵（新特征）；最后指出审美视角实际上是一种发现美的能力，我们要从审美的角度来欣赏生活。

辩论案例及评析

案例：人类有可能和平相处吗？

正方：人类和平共处是一个能实现的理想。

反方：人类和平共处是一个不能实现的理想。

正方一辩

辩论词节选	分析
我方的立场是，人类和平共处是一个能实现的理想。 人类的和平共处是与战争相对立的。依据联合国文件，人类的和平共处指国家、民族、集团之间不使用武力的平安相处。说这个理想能实现，指一种发展的趋势，亦即在一定条件下可以转化为现实。反方必须论证的是不可能性，亦即这一理想在过去、现在和将来从未实现的任何征兆，战争从来就不可能被根除……	开宗明义亮出观点。常规手法。 引证经典或规范文件，增强说服力。 既表明我方观点，又明确指出对方必须论证的与我方矛盾的观点。

反方一辩

辩论词节选	分析
各位可能不知道，在刚才的3分钟内，当对方辩友用感性的语调告诉我们人类和平共处的理想的时候，全世界的国家已经在这3分钟之内投下了××××万美元的军事费用；当然对方辩友也听不到此时此刻××战争中的枪炮声…… 接着，就让我从历史的经验以及现实的环境来给各位进行分析。从阶级与阶级的层次来看，既得利益者为了维护本身已有的权利，往往会不惜任何代价来保护自己的利益。但是，受压迫的阶级必然会同仇敌忾地加以抵抗。劳资之间的冲突就是一个很典型的例子。当国际分工体系越来越不公平，而贫富之间的差距越来越大的时候，和平还是可能的吗？ 接着，我们再从国家与国家的层次来看，第一次世界大战的口号是“这是一场结束一切战争的战争”。但是和平的美梦不到二十年，第二次世界大战就打响了。到今天，当人类必须抱着核子弹才能安睡的时候，对方辩友，告诉我们：这叫和平共处吗？	辩论需要感情以打动听众，但更重要的是理性的力量。反方语带轻微的讥讽，反击对方只有“感性的语调”，而不晓事实的残酷。 指出阶级冲突、劳资冲突、贫富差距，使得战争成为利益冲突的最后解决方式。国与国之间的军备竞赛，从未停止。 反方一辩揭示的矛盾客观存在，要解决这些矛盾才有可能实现人类和平。——解决矛盾是不是一定靠战争？正方可以从这个角度切入，将反方一辩的层层逼问驳回。

正方二辩

辩论词节选	分析
对方辩友把和平的对立面定义为暴力，这实际上是不正确的。和平共处的对立面是战争，而不是暴力。我们都知道俄国著名作家列夫·托尔斯泰有一部著名的小说叫作《战争与和平》，它为什么不叫《暴力与和平》呢？况且我们说，连战争这种暴力的最高形式都可以根除——这一点我方将在后面做出论述——那么其他形式的暴力还有什么不可以根除的呢？最困难的事情都可以解决，容易的事情难道还不能解决吗？	非常遗憾。正方二辩这段在自说自话。 这一段关于列夫·托尔斯泰的引证，既无必要，又暴露了思维的混乱：正方首先区别“战争”与“暴力”，然后又指出“战争是暴力的最高形式”，正方明明知道这两个词的密切联系，因而没有必要援引托尔斯泰的名著篇名来质问反方；“连战争这种暴力的最高形式都可以根除”这是正方的观点，不能作为论据，犯了循环论证的错误。——缺乏针对性，不能聚焦于对方问题的反驳，是思维品质不高的体现，同学们写作时要特别注意聚焦话题，发论要发诛心之论。
首先，没有一个时代像今天这样和平意识如此高涨，和平洪流如此壮阔；当年孟姜女孤身一人哭长城，如今和平力量早已是众志成城了啊！……争取和平、遏止战争已成为不分国界、不分种族的世界潮流。相比之下，战争就是“过街老鼠，人人喊打”。 其次，整个世界当今已连为一体，经济合作日益增强，文化交流日益频繁，真可谓“海内存知己，天涯若比邻”…… 再次，在东西方走向缓和的同时，地区冲突也在不断减少。军备竞赛已为裁军所取代，地区冲突也在不断减少。……这一切不就表明了世界走向和平共处的可能性吗？	下面的三点有一定道理，但主要是申述己见，未能针对反方的观点进行辩驳，也显得情感有余而思考的力度不足。辩论不是抒情，而是智慧的较量。

反方二辩

辩论词节选	分析
对方辩友知不知道，一些第三世界国家之中，出生婴儿有20%还活不到5岁，可是他们花在军事费用上的却是花在医药卫生上的4倍。当第三世界国家从1960年到现在军费增长6倍的同时，其中却有一半的国家还没有安全的饮用水。请问大家：在这样的状况之下，叫我们怎么相信人类和平共处是可能实现的理想呢？ 再让我们看一看：第三世界国家如此，一些先进国家又怎么样呢？军火在人类积攒的财富中所占比例越来越大，西方列强不但武装了自己，同时也武装了别人。请问：这是他们对和平所作的贡献吗？ 接着让我们来看一看，自从1945年以来，每天有12场战争在进行，这包括大大小小的国际战争以及内战。请问：这是一个和平的状态吗？…… 因此，我们一定要根据现实的证据来讨论这个问题是不是可能的，在这样的情况下，让我们回想一下对方辩友告诉我们这么多感性的字眼，充满了这么多希望，但是他们举出了什么样的证据告诉我们人类已经走向和平道路了吗？一点儿也没有。 因此，我们要告诉大家的是，既然我们没有办法相信和平是有希望的，我们要追求的是什么呢？人一定会死，难道他出生的时候就要自杀吗？当然不是。因此，我们要做的是——求生存！只有求生存，脚踏实地，才是我们人类的希望。	反方持续展开论述，呈现和指向的核心问题是社会矛盾的不可调和。这些事例和数据具有震撼人心的说服力。 其实这里还是有逻辑漏洞的：社会矛盾的存在是客观事实，但是处理矛盾的方法和社会的发展变迁存在太多的变数，矛盾不一定激化，激化不一定导致战争，这中间还有很多影响因素，如果列举社会矛盾就认为和平不可期，实际上是典型的“滑坡谬误”。——可惜正方没有注意到这一漏洞。所以，相较于情感和辞藻，逻辑知识对辩论更加重要。 反方一直在强调“现实证据”，而正方一直在运用“感性的字眼”，这在辩论的水平上已经有了高下之分。 如果和平不可期，是不是人类就绝望了？正方没有设疑，反方则假设了“虚拟论敌”，将自己的观点维护得更加周密，增强了可信度和说服力。

正方三辩

辩论词节选	分析
对方辩友举出的世界军事费用在增加，这不符合事实。斯德哥尔摩国际和平研究所的调查报告显示，×××× 年全世界军事费用就降低了 ×%，对方辩友为何对此视而不见呢？更何况对方辩友所说的 1945 年到现在，每天爆发 12 场战争，这个数字引用也是不正确的。事实是，20 世纪 60 年代总共爆发了约 30 次战争，而 20 世纪 80 年代总共爆发不到 10 次，这不正说明了一种缓和的趋势吗？ 我方早已论证了和平共处的对立面是战争，一辩、二辩已经从正面论述了这个问题，下面我将从战争的根源以及战争观念的改变上来进一步论述我方观点。	真实的数字有强大的说服力，但是对数字不同角度的诠释可能指向不同的结论，不要过分信赖数字。 正方对数据的运用尚可，证明了战争趋缓的发展方向。但是以几十年的短暂时间内的趋势来讨论人类会不会和平，证明的力度十分有限。——如果反方抓住这一点，就可反驳正方的观点。

反方三辩

辩论词节选	分析
人类最大的悲哀是，说是一回事，做是一回事。两千多年前墨子就曾经说过，“兼爱非攻”，人类两千多年来什么时候和平过呢？我们找和平从什么地方找？对方辩友从所谓开天辟地、混沌之初，人类没有战争，原来找到远古去了，现在不是有战争的吗？为什么找到远古呢？远古不是没有战争，只是没有记录啊！	反方关注了考察战争的背景——时间问题，而且强调了人类历史上战争频发的事实，这一点反击使得正方观点很难成立。稍显遗憾的是，反方没有提供这方面的数据，如果有数据支持，论证将更加有力。

上面的案例总体来说是比较成功的，但是限于篇幅，部分论述过程被省略，我们对此不作全面的评价。建议同学们关注正、反双方的说理思路，关注双方是否能针对对方的思维脉络展开辩驳，这才是辩论的精髓。

辩论的高境界是在针锋相对的基础上将问题推向深入，双方都佩服和感激对方给自己带来了新的思路，是否解决问题并不是最重要的，因为问题本身就是虚拟的，或者说问题本身就是无解的。

辩论的低境界是自说自话，无视对方的观点，只是陈述自己的意见，最后没有思想的交流，也没有智慧的碰撞。

四、综合练习

基础篇

（一）从下面各题的选项中选出一个正确选项，并进行分析

1. 班主任老师对一个成绩优秀的学生说："你之所以取得这样好的成绩，主要是因为我教学有方。"以下哪项如果为真，将最有力地反驳老师的说法？（　　）

A. 内因是变化的根据，外因是变化的条件。

B. 班里其他大部分同学成绩都不好。

C. 另一个班里也有成绩很优秀的学生，而他的老师并不是班主任。

D. 这个优秀学生的家长为该学生请了一个著名的学者当家教。

2. 同学们普遍抱怨各个食堂的伙食太差，唯独对一年前反映最差的第一食堂，这一次抱怨的同学人数比较少。学校后勤部门号召其他各个食堂向第一食堂学习，共同改善学生关心的伙食问题。

下列哪项为真，则表明学校后勤部门的这个决定是错误的？（　　）

A. 各个食堂的问题不同，解决起来不能一刀切，要采取不同的措施。

B. 第一食堂的进步是与其他各个食堂的支持分不开的。

C. 因为伙食差，第一食堂就餐的人数比起其他食堂要少得多。

D. 第一食堂的花样多，但是价格高，生活困难的同学可吃不起。

3. 人们对于搭乘飞机的恐惧其实是毫无道理的，世界卫生组织 2018 年的报告称，全世界平均每年死于地面交通事故的人数高达 135 万，而近年来全世界平均每年死于空难的是 500 人左右。

为了支撑“人们搭乘飞机没有必要恐惧”这一观点，我们必须补充的隐含前提是（　　）

A. 近年来，全世界平均每年有多少人采用地面交通方式，有多少人采用航运方式。

B. 近年来，我国平均每年有多少人采用地面交通方式，有多少人采用航运方式。

C. 近年来，我国平均每年有多少人死于地面交通事故。

D. 2018 年在近几年中全世界死于地面交通事故的人数是不是最高的。

4. 图书馆方面说：“几年前我们还能让读者免费使用图书馆，后来因经费减少，读者每年必须付 100 元办理证件才能使用我馆。但是，仍然有一百多个老读者没有缴费或续费。如果我们雇用一名保安去查核证件，并保证所有读者均按要求缴费或续费，图书馆的管理成本将得到保障。”

要判断图书馆方面的建议是否值得实施，根据是（　　）

A. 每年使用图书馆的读者人数。

B. 今年图书馆的费用预算是多少。

C. 图书馆是否安装了电脑查询系统。

D. 几年前图书馆经费减少多少。

E. 雇用一名保安一年的开支是多少。

5. 人们用微波炉给食品加热。有人认为，微波炉加热时食物的分子结构发生了改变，产生了人体不能识别的分子，这些新分子是人体不能接受的，有些还具有毒性，甚至可能致癌。因此，经常吃微波加热食品的人或动物，体内会发生严重的生理变化，从而造成健康问题。

以下最能反驳上述观点的一项是（　　）

A. 微波加热不会比其他烹调方式导致更多的营养流失。

B. 我国微波炉生产标准与国际标准、欧盟标准一致。

C. 发达国家使用微波炉也很普遍。

D. 微波只是加热食物中的水分子，食品并未发生化学变化。

E. 自 1947 年发明微波炉以来，还没有因微波食品导致癌变的报告。

6. 曾泽昊即将升高中。他通过打听发现，当地的所有中学里，学生与教师的人数比例低的学校，学生的高考成绩普遍较好，曾泽昊因此决定报考学生总人数最少的学校。

以下最能反驳曾泽昊观点的一项是（　　）

A. 学校的教学质量，与学生与老师的比例有关，也和生源质量有关。

B. 仅注重高考成绩而忽略个人全面发展的成长思路是不妥当的。

C. 隐含前提有误，学生总人数少并不意味着学生与老师人数的比例低。

D. 学校教学质量主要与教师的教学水平而不是教师数量有关。

7. 有人这样发牢骚："假如地球是方的，我就有角落藏身；但是地球是圆的，我们不能不面对世界。"与上文论证结构最相似的一项是（　　）

A. 世上没有长生不老的灵丹妙药；如果真有这样的灵丹妙药，我们就可以长命百岁了。

B. 如果是计划经济，我们就可以等待政府；现在是市场经济，我们要靠自己争取订单。

C. 假如是妈妈做的菜，菜里就会有辣椒；现在菜里果然有辣椒，一定是妈妈做的菜了。

D. 假如你是天上的月亮，我就是月亮边的星星；假如你是山上的树，我就是树上的藤。

8. 有些人认为观看电影中的暴力镜头会导致观众好斗，难道说只看别人吃饭就能填饱自己的肚子吗？最能支持上述论证的一项是（　　）

A. 有些人认为盗用公物是不道德的，难道说从别人家里偷东西就是道德的吗？

B. 有些人认为学生作弊是有一定道理的，这样骄纵下一代能不受到未来惩罚吗？

C. 有些人认为工作狂是不善交际的人对生活的补充，许多政治家不也是工作狂？

D. 有些人认为经济学家可以控制通货膨胀，难道说气象学家能控制天气阴晴吗？

（二）简答题

1. 圈养动物是比野生动物更有意思的研究对象。因此，研究人员从研究圈养动物中能够比从研究野生动物中学到更多的东西。

该论证的隐含前提和论证过程是什么？

2. 人类学家发现早在旧石器时代，人类就有了“死后复生”的信念。在发掘出的古墓中，死者的身边有衣服、饰物和武器等陪葬物，这是最早的关于人类具有“死后复生”信念的证据。

该论证的隐含前提和论证过程是什么？

3. 亚里士多德认为“物体越重，下落速度越快”，意大利科学家伽利略反驳他时指出，如果一个轻石头和一个重石头绑在一起下落，会得出两个相互矛盾的结论。

请补充伽利略的推论过程。

提高篇

（一）从下面各题的选项中选出一个正确选项，并进行分析

1. 阅读下面的对话，回答问题。

庄子与惠子游于濠梁之上。庄子曰：“鯈鱼出游从容，是鱼之乐也。”惠子曰：“子非鱼，安知鱼之乐？”庄子曰：“子非我，安知我不知鱼之乐？”

与上文庄子所用的反驳方法最相似的一项是（　　）

A. 梁国杨氏子九岁，甚聪慧。孔君平诣其父，父不在，乃呼儿出，为设果，果有杨梅。孔指以示儿曰：“此是君家果。”儿应声答曰：“未闻孔雀是夫子家禽。”

B. 一僧人宣称：“儒教虽正，不如佛学之玄，如僧人多能读儒书，儒人不能通释典。”张倬笑道：“譬如饮食，人可食者，狗亦能食之；狗可食者，人决不食之矣。”

C. 王安石跟苏东坡讨论文字的由来，王安石说：“这‘坡’字乃‘土’之‘皮’也。”苏东坡答曰：“那‘滑’字岂不是‘水’之‘骨’了？”

D. 农历狗年，在公共汽车上，一个小伙子挤着了一个小姑娘，小姑娘说：“拱什么？拱什么？猪年还没到呢！”小伙子回敬说：“小狗叫了，原来是狗年啊。”

2. 阅读下面的观点，回答问题。

甲：高脂肪、高糖食物对人的健康有害。既然越来越多的国家明令禁止未成年人吸烟和饮用含酒精的饮料，那么，为什么不能用同样的方法对待那些有害健康的食品呢？应该明令禁止 18 岁以下的人食用高脂肪、高糖食物。

能质疑甲的观点的一项是（　　）

A. 许多国家已经把未成年人的标准定为 16 岁以下。

B. 高脂肪、高糖食物的危害，不如烟、酒对人危害大。

C. 禁止有害食品的生产，要比禁止有害食品的食用更有效。

D. 高脂肪、高糖食物主要危害中老年人的健康。

E. 明令禁止未成年人吸烟和饮用含酒精的饮料实际上并没有取得很好的效果。

（二）简答题

1. 阅读下面的文字，指出论证的漏洞，并简析原因。

某班级学生上完体育课后回到教室，有 15 人喝了饮水机里的纯净水，其中 5 人很快发生腹泻。饮水机里的纯净水马上被送去检验，检验的结果不能肯定其中有造成腹泻的有害物质。因此，喝了饮水机里的纯净水不是造成腹泻的原因。

2. 阅读下面的文字，分析文中所运用的论证方法。

欧阳文忠公尝言：有患疾者，医问其得疾之由，曰："乘船遇风，惊而得之。"医取多年舵牙为舵工手汗所渍处，刮末，杂丹砂、茯神之流，饮之而愈。今《本草注·别药性论》云："止汗，用麻黄根节及故竹扇为末服之。"文忠因言："医以意用药多此比，初似儿戏，然或有验，殆未易致诘也。"予因谓公："以笔墨烧灰饮学者，当治昏惰耶？推此而广之，则饮伯夷之盥水，可以疗贪；食比干之馂余，可以已佞；舐樊哙之盾，可以治怯；嗅西子之珥，可以疗恶疾矣。"公遂大笑。

（选自苏轼《东坡志林·卷三》）

3. 阅读下面的文字，分析文中所运用的论证方法。

文公之时，宰臣上炙而发绕之。文公召宰人而谯之曰："女欲寡人之哽耶？奚为以发绕炙？"宰人顿首再拜，请曰："臣有死罪三：援砺砥刀，利犹干将也，切肉肉断而发不断，臣之罪一也；援木而贯脔而不见发，臣之罪二也；奉炽炉，炭火尽赤红，而炙熟而发不烧，臣之罪三也。堂下得无微有疾臣者乎？"公曰："善。"乃召其堂下而谯之，果然，乃诛之。

（选自《韩非子·内储说下六微》）

（三）就以下论题在同学之间开展辩论赛，或自己为正、反双方写出辩论词

1. 名誉受损后该怎样做？

正方：名誉受损必须还以对方更大的侮辱来恢复名誉，所以我主张以眼还眼、以牙还牙。

反方：真正的名誉损伤都源于自己的言行举止，所以我主张宽恕对方，严格要求自己。

2. 将野生动物圈养在动物园里是否合理？

正方：将野生动物圈养在动物园里供人观赏对动物而言是一种残忍的行为，不是文明人该做的事情。

反方：将野生动物圈养在动物园里，可以促进人类研究和了解野生动物，改善人与野生动物的关系。

3. 是否要尊重一切生命？

正方：我们应该尊重一切生命，让所有生物在自然界中自行发展。

反方：相较于其他生命，我们肯定是将人类的生命权放在首位。